행복을 찾는 내안의 인생

이규각 지음

다인미디어

행복을 찾는 내 안의 인생

이규각 지음 | 개정판 발행일 : 2010년 11월 25일 |

발행처 **다인미디어** | 발행인 이봉순 |

등록 번호 제 301-2009-108호 | 등록 일자 2009. 6. 2.|

주소: 서울시 중구 예장동 1-51 | Tel:02-2274-7974 Fax: 02-743-7615

* 프롤로그

독자는 이 책을 어떤 입장에서 읽고 있을까? 자신의 지혜로운 삶을 위해서라면 물론 바람직한 일이다.

그러나 그것을 받아들이는 것은 여러분의 몫이다.

요즘 자신의 꿈보다는 현실이라는 삶의 현장에서 고민할 때, 누군가의 희망적인 말 한마디가 절실하다.

그러나 냉정한 현실은 참으로 자신을 초라하게 만든다. 이런 상황에서 여러분은 어떤 생각으로 현실을 지혜롭게 극복하고 또한 희망의 내일을 맞이할까?

그렇다면 진정 허물없이 자신에게 물어 보자.

나는 얼마나 삶을 긍정적으로 보고 있는가?

나는 내가 처한 위치에서 무엇을 얼마 만큼 노력하고 있는가? 깊이 생각해 볼 문제이다.

아무리 삶이 고달프다 해도 스스로의 꿈을 접기 보다는 희망의 미래를 보면 분명 여러분의 내일은 희망으로 다가올 것이다. 왜냐하면 희망은 항상 꿈꾸는 자 앞에서 빛나기 때문일 것이다.

저자

차례

• Part 2 • 인생의 CEO

• Part 3 • 배려의 마음

• Part 4 • 행동의 기술

• Part 5 • 지혜의 삶

* 행복의 문을 열며

어느 사회나 긍정과 부정에 따른 서로의 극한 대립이 이해하는 마음으로 공유될 때 비로소 성숙한 사회가 시작된다. 이 두 가지 성향은 서로 다른 듯하지만 자신의 처지에 따라 변하는 것으로, 때에 따라서는 동질성을 갖기도 한다.

사람은 자란 환경이나 배움에 따라서 갈등의 정도가 다르게 나타난다. 하지만 큰 의미에서 보면 서로의 이해관계가 다를 뿐이다. 이러한 것들을 이해하기에 앞서, 더욱 소중한 것은 한쪽으로 치우치지 않는 배움이다. 한쪽으로 치우치지 않는 배움이 갈등을 해소하고, 갈등을 해소하다 보면 자신도 모르는 사이에 그 갈등의 가치를 인정하게 된다. 그리고 그 인정하는 마음이 새로운 가치의 여유를 낳는 것이다.

사람이란 각자 개성을 가지고 있다. 하지만 자기의 존재나 행위에 책임을 지지 못할 때 스스로 혼란에 빠지게 된다. 이때 서로의 차이를 인정하지 못하면 분란의 소용돌이에 휩싸이게 되고, 결국 자신의 가치마저 상실하게 된다.

이러한 가치가 서로 이해를 같이 할 때 훌륭한 사고를 창출하게 되며, 서로의 이해가 화합으로 발전하여 인간다운 인간이 사는 진정한 사회를 이룰 수 있다. 그렇지 않다면 야만적인 사회로 추락하게 될 것은 자명한 일이다.

사람마다 각자 다른 점이 있기 마련이다. 그러나 큰 틀에서 보면 서로 통하는 점이 있다는 걸 곧 깨닫게 될 것이다. 서로 자유롭게 이야기하거나 주장하는 것은 자발적인 자신의 일이다. 따라서 이것이 일정한 원칙으로 자리잡을 때 서로의 다양한 생각이 인정되는 도덕적인 사회, 미래의 사회로 한걸음 더 나가게 되는 것이 아닐까.

미래로 나가는 사회는 평등한 권리를 인정받는다. 현장에서 일하는 사람이나 사무실에서 일하는 사람이나 똑같이 의견을 낼 수 있다. 이 의견이 제대로 반영될 때 보다 적극적인 자세에서 최선을 다하게 될 것이 분명하다. 그렇게 되면 각자의 분야에서 어떤 식으로든 충분히 능력을 발휘할 기회가 온다.

그런데 요즘 우리 사회는 평등한 기회를 얻기보다는 집단 이기주의에 편승하여 남의 기회를 박탈함은 물론 한술 더 떠 득을 챙기려는 사람들이 많다. 하지만 이것을 조장하여 득을 보려 해도 결국에는 사회만 혼란 속으로 몰아넣을 뿐이다. 사회가 바로 서기 위해서는 무엇보다 상호 신뢰가 밑

바탕이 되어야 하는데, 그렇지 못한 것이 현실이다. 이런 집단 이기주의가 폭력을 부르게 되는 것은 당연한 결과이다. 이러한 일에 대부분의 사람들은 눈감아 왔다.

집단 이기주의의 폐단을 줄이려면 어려서부터 서로에게 정의로운 마음을 일깨우고, 학교 공부와 연관시켜 가르쳐야 할 것이다. 교육은 사회와 별개라는 사람도 있지만, 그것은 올바르지 못한 사회에 편승하여 교육을 불신하는 데 그 원인이 있다.

부모들은 이렇게 말한다. "공부를 하면 뭐해, 출세만 하면 되지." 공감이 가는 말이다. 그렇다고 출세하는 것이 만능은 아니다. 출세하기 위해서는 출세를 하지 못한 사람도 있기 마련이기 때문이다. 진정한 실력보다는 위장을 좋아하는 출세 만능주의자가 어른도 애도 없는 세상을 만든다. 따라서 가정은 바른 아이가 되도록 가르치고, 학교는 바른 지식을 가르치도록 노력해야 한다. 또한 사회는 정의가 바로 서도록 하기 위해 힘써야 한다.

누구나 자신이 우월하고 싶어한다. 남에게 지고 싶지 않아한다. 지지 않기 위해서는 남보다 많은 노력을 기울여야 한다. 노력하지 않고 얻는 것은 자신이나 주변을 부패하게 만들 뿐이다. 남보다 낫고자 하는 것은 일종의 우월감인데, 노력하지 않는 우월은 위태로운 것이며 편법을 만들어내는 동기가 된다. 우리 사회가 이런 편법에 물들어 있기 때문에 위아래가 없는 도덕 불감증의 시대로 접어든 것이다.

하지만 이런 글을 쓰면서 '과연 도덕의 가치라는 것이 현실에 존재할 수 있는 걸까?' 하는 의문이 든다. 그나마 양식 있는 사람들을 나는 존경한다. 그들은 침착함과 지성으로 주변을 아름답게 한다. 사회의 일원으로 맡은 바 책무를 다한다. 그야말로 허드렛일에서 전문직 일까지 자신의 직분에 맞는 일을 하면서도 실망하거나 남을 원망하지 않는다. 그것은 더 노력할 수 있는 힘이 있고 능히 그것을 극복할 수 있기 때문이다. 그들의 양식 있는 행동은 누구에게도 굴하지 않는 떳떳함에 있다. 그런 사람을 보면서 나는 그 사람이야말로 이 사회의 주춧돌이라는 생각이 든다.

오랜 세월 우리 사회는 먹고 살기 위해 정신없이 달려왔다. 그 결과 경제적으로 나아지긴 했지만, 일부는 배부른 돼지가 되어 옛날의 가난함을 잊고 살거나 그 경제적인 가치가 마치 하늘에서 스스로 떨어진 양 비아냥거리기 일쑤다. 불과 30년 전 일인데 말이다. 참으로 안타까운 일이 아닐 수 없다.

나는 옛날을 돌이켜 오늘을 사는 것이 현명한 처사라고 생각한다. 자신의 나라 아니 자신에게 있어서 설령 부정적인 면이 있다 한들, 그것은 우리 자신이기 때문에 바로 우리에게 맞는 밑거름이 될 것이다. 하지만 일부 사람들은 과거의 땀보다는 현실의 쾌락에 휩싸인 채, 자신의 노력보다는 남의 성과를 등에 업고 출세하려 한다.

왜 그런 생각을 갖는 것일까? 그것은 쉽게 업적을 인정받을 수 있기 때문이다. 이처럼 손쉽게 얻을 수 있는 업적을 왜 마다하겠는가. 그러나 이런 사회의 단면이 결국 불신으로 이어진다는 것을 알아야 한다. 내가 아니라 서로가 힘을 합치면 더 큰 업적이 생긴다는 것을 알아야 한다. 누구나 자기 혼자서 업적을 쌓으면 좋겠지만 업적은 혼자서 쌓는 것이 아니다. 설령 혼자 쌓더라도 나누는 것이다. 과거나 현재나 남의 업적을 숨기고 자신의 업적을 내세우면, 당장은 화려하고 아름다워 보일지 모르겠지만 이것은 한때의 쾌락에 불과하고 그런 업적은 오래가지 못한다.

업적을 나눌 때에는 근본적으로 상대의 마음을 잘 알아야 한다. 그가 어떤 환경에서 자랐는지, 어떤 습성을 지녔는지, 서로의 관계가 어느 정도인지를 꿰뚫어 보고 그 진실성을 따져 봐야 한다.

인간 관계에 있어서 무턱대고 업적을 나누는 것은 자기에게 폐가 될 수도 있다. 그것은 사람의 관계에 있어서 근본적으로 변하지 않는 욕심이라는 속성이 있기 때문이다.

욕심 없는 조화란 초조함이 없고 한결같은 보편성을 지녀야 한다. 서로 생각하는 범위 내에서 다같이 즐겁게 이해를 도모하면 욕심이 없어지고, 그것이 조화를 이루는 열쇠가 된다. 하지만 서로가 욕심을 가질 때 혼란이 찾아와 조화를 잃게 되고 그것이 불신을 낳게 된다. 그렇게 되면 감정에 이끌리고 침착성이 없어지며, 결국 난폭해져서 싸움을 초래하게 된다. 그 결과 자신을 망각하거나 남을 인정하지 못하게 된다. 이것이 바로 원만하지 못하다는 증거다. 서로 이해를 통해 언제나 균형 감각을 유지할 때 조화로워지는 것이다.

어떤 일에 있어서 인정을 못한다는 것은 그 조화가 근본적으로 뒤틀려서 오는 경우가 대부분이다. 이를테면 이것은 자기 위치에서 오는 불안감이나 경제적인 부담에서 오는 경우가 많다. 특히 욕심에서 오는 경우가 더 많다. 서로 믿지 못하고, 개인끼리 혹은 그룹끼리 상대방의 충실성을 의심할 때, 사람의 마음은 격해지고 그것이 감정으로 번져 상대를 증오하게 된다. 따라서 무엇인가 하려 할 때, 상호 관계에 있어 나쁜 감정이 생기면 자기 스스로 협력을 포기하게 된다.

협력을 포기한 사람들은 변화의 바람 속에서 결코 살아남기 힘들다. 이 기회에 살아남지 못하면 그야말로 도태되는 것이다. 도태된 사람들은 조직에 소외감을 느낀 나머지 재기를 꿈꾸려 할 것이다. 하지만 준비 없는 재기는 있을 수 없다. 그런 사람의 대부분은 생활고에 시달리기 때문에 어떤 일을 하든 뒤틀리게 되는 것은 물론 의욕 상실까지 겹친다. 이럴 때일수록 마음을 굳게 하면 어떤 사태에 직면하든 두렵지 않다. 어떤 일이나 견딜 수가 있다.

서로 협력하지 않고 살 수 없는 것이 사람이다. 서로 협력함으로써 기쁨이 있고 행복이 있는 것이다. 그리고 그것이 보람된 일이며 서로 상대를 진정으로 이해하는 계기가 되는 것이다.

어려움에 처했을 때, 자신 혼자만의 힘으로 빠져 나온다는 것은 불가능한 일이다. 이럴 때일수록 적극적으로 기분

전환에 나서야 한다. 항상 말하지만, 누구에게나 늘 어려움만 있으란 법은 없다. 이런 어려움을 극복하는 것은 자신의 마음을 어떻게 다스리느냐에 따라 달려 있다. 그러나 대부분의 사람들은 이러한 사실을 알면서도 실천을 못하니 안타까운 일이 아닐 수 없다.

이런 어려움이 찾아왔을 때 다소 고통이 따르더라도 당장 가능한 일부터 하는 것이 좋다. 왜냐하면 자기가 원하는 만큼 남이 들어줄 수 없기 때문이다. 따라서 평생 공부하는 자세로 앞일을 준비하지 않는 한 그런 고통은 또 다시 다가올 것이다. 따라서 내 멋대로 생각하는 것은 비극이다.

어려움의 순간이 바로 기회이다. 그리고 그 어려움을 극복할 때 기회가 온다. 재차 말하지만 준비가 마음을 편하게 하는 법이다. 그렇다고 이런 의미에 대해 복잡하게 생각하라는 것은 아니다. 다만 자신의 눈높이에 맞게 능력껏 열심히 하라는 것이다.

현명한 사람들은 지나침이 없다. 또한 말없이 새로운 시작을 위해 준비한다. 그리고 때가 오면 자신의 능력을 발휘한다. 그들은 작지만 꿈이 있기 때문에 작은 곳에서도 그 생활에 뿌리를 박고 높이 올라가려 한다. 곧 현명한 사람은 그 작은 곳에서도 무엇인가 새로운 것을 찾아내어 자기 것으로 만든다. 또한 단점을 파악하고 그 단점이 좋은 일이건 나쁜 일이건 자신의 뜻한 바를 위해 가차없이 이용한다.

그들은 가르쳐준 것이 없어도 눈치껏 처신하여 누구보다 먼저 수완을 발휘한다. 그리고 우회적인 방법으로 윗사람에게 인정을 받는다. 또한 그것을 바탕으로 자신의 세력을 만든다. 뭔가 더 큰 꿈을 이루려는 사람에게는 그들의 지혜나 수단이 필요하기 때문에 그들을 대우하지 않을 수 없다. 그렇게 되면 신뢰가 쌓이고 충성심이 생기기 때문이다.

즉 준 사람은 준 만큼 우월감이 생기지만, 받은 사람은 받은 만큼 우월감이 생기는 법이다. 말을 앞세우기보다는 주면서 그들을 보호할 때 서로에게 만족할 만큼의 기대감이 생기는 것이다.

"10명이면 10명, 주는 것을 싫어하는 사람은 없다." 이것이 사람 마음이다.

준다는 것은 선행이다. 선행이 때로는 웃음거리로 변질될 수 있지만, 그것은 어리석은 자들의 이유없는 흠잡기에 불과하다. 따라서 어리석은 자들은 남을 핑계로 자신을 감싸며 남을 비방하는 것이 하루의 일과이다. 그 비방에 합세하는 자들에게는 자신이 남에게 선행을 하는 것처럼 이야기한다. 또한 합세한 사람들을 어느 순간 바보로 만든다. 그러나 이런 사람들은 불행하다. 당장은 행복해 보일지 몰라도 시간이 흐르면 불행해지기 마련이다. 그렇다고 자신을 희생시키면서까지 선행을 할 필요는 없다. 언제나 있는 그대로 행동하면 된다. 이것이 오직 자신을 속이지 않는 것이며, 그것이 행복한 선행인 것이다.

사람이란 부득이한 경우를 제외하고는 강요한 대로 움직이지 않는다. 이처럼 선행도 강요해서 되는 것이 아니라 스스로 행하는 것이다. 행동 없는 선행은 죽은 선행이다. 행동하는 선행만이 자신을 행복하게 할 뿐이다.

내가 남에게 주려는 마음이 있다면, 남을 천시하면서까지 자신을 높게 하려는 마음이 사라질 것이다. 이것이 행복의 문을 여는 출발점이다. 또한 성공의 길로 향하는 위대한 깨달음인 것이다.

Part 1
긍정의 힘

*Life 1

부정의 실체를 알면 긍정이 빛난다

부정은 건설적인 것이다. 다만 뭔가를 체계적으로 표현하지 못해서 그럴 뿐이다.

이 말이 적절한지는 모르겠다. 우리는 늘상 부정을 달갑게 보지 않고 고정 관념으로 그것을 재단하려 한다.

또한 어떤 식으로든 부정에 익숙하다. 그러면서도 정작 부정적인 자신을 싫어한다.

늘상 우리 사회는 부정적인 사고를 버리라고 배운다. 사실 사람의 본성은 부정적이다. 마음에 상처를 받거나, 화가 나거나, 겁을 먹었을 때, 그것에 따라 부정적인 반응을 보이는 것은 자연스러운 생리 현상이다.

살다보면 부정적일 때가 한두 번이 아니다.

지금이 바로 자신을 변화시킬 때이다. 그러기에 부정은 곧 새로운 행동을 만든다.

스스로 부정적인 면을 되짚어 보면 적극적이기보다는 소극적인 면이 다반사다.

이 부정에 대한 문제점을 일일이 돌아보면 염치가 없을

때도 있고, 또한 가슴이 답답하고 일에 있어서도 능률적이지 못할 때가 있다.

그러면서도 부정적인 것은 과거의 쓴맛에 질려 마음속 어딘가에 새로운 부정이 잠재하고 있는 것이 아닐까? 이것이 잠재하는 또 다른 부정이다.

다시 말해 자기 자신을 믿지 못해서가 아니라 확신을 갖지 못해서 생기는 일종의 두려움이다.

살다 보면 수천 가지의 부정과 긍정이 다가온다. 이때 부정적인 생각을 현실에 비추어 긍정적인 생각으로 바꿀 때 비로소 자신의 모습은 바뀌어 갈 것이다.

* *Life* 2

일이란 항상 미래를 향해야 한다

망망 대해를 항해하기 위해 떠나는 선장처럼 처음 접하는 일은 설레임과 두려움이 따른다. 과연 얼마나 일을 잘 할 수 있을까?

그렇다고 한들 어느 정도 시간이 흐르면 누구나 적응을 하게 마련이고 그 일에 흥미를 가지게 된다. 또한 성취감을 맛보게 되면 또 다른 일에 도전을 하는 법이다. 하지만 이것을 계기로 일에 미친다면 불행하게도 건강과 창의성을 잃게 된다. 그렇게 되면 성과도 없는 일을 했다는 자책감과 이용만 당했다는 생각에 스스로를 후회하게 된다.

어떤 일이든 열과 성의를 다해도 시간이 해결해 주는 일은 보편적인 일이며 가치가 없는 일에 불과하다. 그 결과 자신을 돌아보면 어리석기 그지없다. 이처럼 자신을 위해서 죽도록 일하는 것은 버릇이다.

그러므로 일은 버릇처럼 하는 것이 아니라 미래를 향한 것이어야 한다.

*Life 3

일은 행복을 키우기 위한 밑거름이다

일이란 만족과 행복을 주는 소중하고도 귀한 것이다. 그러므로 일에 불만을 느낄 때에는 못한 일을 부끄러워해야 한다.

가령 일이 마음에 들지 않는다고 해서 대충대충하거나 상대에게 불평 불만을 늘어놓아서는 안 된다.

그렇게 되면 자신의 마음가짐이 흐트러지게 되고 결국 자신감을 상실하게 된다.

이때 자신이 그것을 깨닫고 바로잡아 일에 대한 행복을 찾는 것이 무엇보다 중요하다.

*어떤 일이든 스스로 노력하는 사람에게 행복이 찾아온다.

*Life 4

실현 가능한 목표를 세워라

어떤 목표를 지향할 것인가는 당신이 어떤 꿈을 꾸고 있느냐에 달려 있다. 더 나아가서 당신이 어떤 위치에 있고 현재 당신의 생활 수준이 어느 정도인가를 알아야 한다.

당신은 독불장군식 목표에 사로잡힐 수도 있다. 그리고 구속받지 않는 인생의 자유를 원할 수도 있다. 지금 이대로도 행복하다. 하지만 오랜 세월 동경하던 한두 가지 꿈을 펼치고도 싶을 것이다.

또한 당신은 모든 분야에서 만능이고 싶은 꿈을 꿀 것이다. 아마 나이가 들어 가면서 이런 과정을 경험하겠지만, 어느 상태에서 시작하느냐에 따라 직면하는 문제도 다를 것이다. 당신의 목표가 너무 막연하고, 너무 멀리 있고, 너무 광범위하기 때문에 초점을 잃을 수도 있을 것이다. 심지어 인생에 있어 아무런 목표가 없다는 생각이 들 때도 있을 것이다. 또한 목표가 너무 많을 수도 있을 것이다. 그러나 어떤 경우든 자기를 돌아보고 실현 가능한 목표를 세우는 것이 무엇보다 중요하다.

* *Life* 5

자신만이 할 수 있는 일은 보석처럼 값지다

일을 성공적으로 처리한다는 것은 능력이 있다는 것이다. 하지만 서두르는 것은 바람직하지 못한데, 그것은 행여 실수를 할 수도 있기 때문이다.

일에 있어서 성과가 오래도록 지속된다는 것은 그만큼 일을 잘했다는 것이다. 또한 성취한 실적만큼 오래 남는데 어떤 일이든 오직 철저한 준비만이 성공을 부른다.

일에 있어서 가치가 있는 것일수록 그것을 얻기 위한 노력이 필요하고 얻은 후의 대가는 비싸다.

이처럼 자기만이 할 수 있는 일은 무엇과도 비교할 수 없을 만큼 매우 값진 보석임에 틀림이 없다. 또한 자신의 일을 지속적으로 보장받게 하는 보험과도 같다.

*Life 6

마음먹기에 따라 세상은 달라진다

세상을 살아가면서 때때로 자기가 없으면 세상이 멈출 것만 같은 착각에 빠져들곤 한다. 그렇지만 세상이 멈추지 않고 돌아간다는 것을 내가 아닌 남을 통해서 알게 된다.

이것은 당신이 어떤 일로 인해 화가 복받치면 온통 세상이 화로 범벅이 된 듯한 착각에 빠지는 것과 같다. 그런 당신은 오직 자기 자신뿐이 모르는 자아 도취적이면서도 이기적인 사람에 불과한 것이다. 이때 세상은 그런 당신을 너그럽게 받아 줄 만한 여유가 없다. 그렇게 되면 당신 스스로를 외톨이로 만드는 꼴이 되고 결국에는 힘든 세상을 살게 뻔하다.

이때 남들에게 있어 당신이 웃음을 달고 살든 화를 달고 살든 그다지 중요하지 않다는 사실을 깨닫게 될 것이다.

다만 웃음을 달고 살면 세상이 즐거워지고 화를 달고 살면 비참해진다는 사실이다.

*Life 7

사소한 것이라도 정성을 다하라

세상에는 일년 내내 정신없이 사는 사람들이 많다. 그들은 무엇이 중요한지도 모른다. 그러므로 막상 중요한 일에 써야 할 시간과 노력을 헛되이 써 버린다. 대개 그런 사람은 누구를 만나 이야기할 때에도 정작 상대방의 인격에는 별로 관심이 없다. 또한 진지함보다는 형식에 얽매이기 때문에 정작 자기 발전을 기대하기가 어렵다.

사람이 살아가면서 어떤 사소한 것이라도 그것에 관심을 갖지 않으면 상대의 시선을 끌 수도 없고 즐겁게 할 수도 없다.

그러므로 아무리 사소한 것이라도 올바르게 판단할 수 있는 식견과 매너를 몸에 익혀야 하고, 조금이라도 가치가 있다고 판단되는 것은 정성을 다해야 한다.

왜냐하면 상황에 따라서 당신에게 믿음을 주고 상대에게 신뢰를 줄 수 때문이다.

*Life 8

자신감이 뜻을 이룬다

어떤 일을 이루려면 자신감이 필요하다. 자신감은 하느냐 안 하느냐를 결정하는 중요한 요소이다.

자신감이 있을 때에는 상대를 과대 평가하지 않는 것이 좋다. 상대를 과대 평가하면 자신 스스로가 지레 겁을 먹게 되어 결국은 자신을 위축시킨다.

누구든 겉으로 볼라 치면 대단해 보인다. 그러나 누구든 가까이에서 보면 언제나 존경보다는 실망이 더 커지는 법이다.

왜냐하면 사람의 굴레를 벗어나지도, 인격과 재능에 있어서 완벽하지도 못하기 때문이다.

이때 지위에 따라 권위가 주어지는 것처럼 보이지만 반드시 실력으로 높은 지위에 오르는 경우는 극히 드물다. 다시 말해 지위가 있다고 하여 스스로 위축될 것까지는 없다.

대부분의 사람들은 상대의 지위를 지레 짐작하는 버릇이 있어 자신감을 잃게 되는 경우가 있는데, 실체를 알고 나면 별것도 아니다.

이렇듯 지혜로운 사람이 지나치게 소심해서도, 무식한 사람이 지나치게 저돌적이어서도 안 된다.

다만 자신감은 무식한 사람에게 있어 뜻을 이루게 한다. 하물며 지혜로운 사람에겐 더 큰 뜻을 이룰 수 있다.

자신이 이로울 때만 남에게 친절과 선을 베풀지 마라. 지혜로운 사람은 이해 관계를 떠나 누구에게나 친절함과 선을 베푼다. 그것은 선한 마음 자체가 자신에게 따스한 체온이 되기 때문이다.

파스칼(프랑스의 물리학자/수학자/철학자)

*Life 9

실패는 어두운 것이 아니다

실패는 누구나 한다. 하지만 나만이 실패한 것처럼 자신을 괴롭히는데, 이것이야말로 또 다른 실패를 부르게 된다. 실패는 실패한 것으로 끝내야 한다. 실패한 일을 두고두고 가슴에 새긴다면 그것은 자기 학대가 되고 끝내는 절망을 부른다. 그렇게 되면 절망은 주변 사람들에게 피해를 준다. 이때 절망보다는 성공을 위한 재기의 밑거름임을 깨달아야 한다. 왜냐하면 실패란 항상 어두운 것만이 아니고 마음먹기에 따라서는 밝은 빛이 되기 때문이다.

*Life 10

걱정은 그때그때 떨쳐 버려라

걱정을 사서 하지 마라. 이는 매우 분별 있는 행동이기 때문이다. 즉 많은 걱정을 떨쳐 버리게 되므로 편안하고 행복해진다.

사람이 살아가는 동안 자기 자신에게 유리한 얘기나 남의 험담에 귀를 기울이는데, 나쁜 얘기나 불길한 얘기를 함부로 전하지도 말고 또한 귀담아 듣지도 마라. 일단 그런 얘기를 듣고 나면 누군가에게 옮기고 싶은 충동이 생기므로 이런 경우 걱정이라는 독이 만들어지게 된다.

또한 자기 자신이나 남들을 즐겁게 하기 위해 걱정거리를 안고 산다거나 걱정거리를 덜어 준다고 하여 함부로 입을 놀리면 그것이야말로 자신과 남을 괴롭이는 것이다. 더군다나 그들이 당신에게 있어서 더없이 소중한 경우라 해도 역시 마찬가지다.

잘되라고 충고는 할지언정 필요 이상으로 그 일에 끼어들어 당신 스스로 걱정을 분담하려 할 때 결과적으로 자기의 걱정거리가 된다. 그러므로 차라리 남이 스스로 걱정하는 편이 낫다는 것을 항상 기억해라.

누구라도 걱정이라는 것은 희망보다는 절망을, 적극적인 것보다 소극적인 것을 가슴에 품고 있는 것이나 다름없다. 때문에 걱정은 그때그때 떨쳐 버려야 한다.

* *Life* 11

현실은 희망이다

돈을 빌려 간 친구에게서 이런 말을 들었다. 세상에 태어난 이래로 그토록 적반하장도 유분수다. 그는 뻔뻔스럽게도 이런 말을 했다. '더럽고 치사해서 안 떼어먹는다.'

그러니 그 밖의 사람들은 오죽하겠는가? 이토록 눈곱만치의 양심도 없다. 그런데 요즘 이만한 것에 누가 반성하겠는가.

참으로 현실은 뻔뻔스럽다. 그러나 그런 불합리한 양심에 회의를 느끼면서도 현실적 삶의 조화에 대한 희망을 버릴 수는 없다. 세상에는 비정하면서도 무서운 현상들이 있고, 혹독한 희생과 마음의 부조화가 있다. 또한 말로 표현할 수 없을 만큼 양심이 부패해 있다.

그래도 떳떳하게 살아야 한다. 인간의 양심이 정의와 연결된 것이라 생각하고, 그 연속성이 부패된 사회를 정화할 수 있다고 믿어야 한다.

그것은 반딧불만큼의 아주 희미한 빛에 불과하지만 현실은 희망이기 때문이다.

*Life 12

결심이 나를 만든다

세상은 생각한 대로 된다. 만일 마음먹은 일을 머리 속으로 생각하고 그것을 결심한다면 이미 절반은 이루어진 것이나 다름없다.

이처럼 세상에서 꼭 필요한 사람이 된다고 생각하면 꼭 필요한 사람이 될 것이다.

그러나 당신이 아무것도 할 수 없다고 생각한다면 당신은 그 무엇도 이룰 수 없다.

언제나 생각을 굳게 하고 끊임없이 노력을 한다면 결국, 당신의 눈앞으로 놀랄 만한 기적이 일어날 것이다.

*Life 13

사람과 사람은 서로의 이해가 필요하다

친한 친구라면 누구라도 시간 가는 줄 모르고 이야기를 나눈다.

그렇지만 많은 말 중에서도 특히 마음속 깊이 담아둔 이야기는 하지 않는다.

그렇다면 그런 일이 왜 생길까? 그리고 그러한 요인들을 조금이나마 극복하려면 어떻게 해야 할까?

여러 가지 요인들 가운데는 당신 자체가 '나는 나' '너는 너' 라는 생각을 마음속에 품고 산다는 사실이다.

그러기에 사람은 생각할 수 있는 능력뿐만 아니라 희로애락의 감정이 상황에 따라 각자 다르다는 것이다.

그렇기 때문에 각자의 감정으로 기뻐하거나, 화를 내거나, 눈물을 흘리고, 손뼉을 치면서 웃거나 즐거워 한다.

이처럼 사람의 생각은 제각각이므로 차근차근 풀어 나가야 할 문제가 태산이다.

그러므로 상대방과의 교류가 원만히 이루워지지 않는다고 해서 결코 실망할 필요까지는 없다.

그 이유는 앞에서도 언급했지만 '나는 나' '너는 너'라는 말의 의미를 되새겨 보면 쉽게 알 수 있다.

대인 관계도 이와 만찬가지로 이해가 다르면 언제나 등을 돌리게 되는데, 서로의 불신보다는 서로의 이해를 통해 화합하는 것이 바람직하다.

세상에서 무슨 짓이든 할 수 있다고 생각하는 사람은 꽤나 자신을 속이고 있는 사람이다.

더군다나 자기가 없으면 세상이 안 돌아간다고 착각하는 사람은 그 이상으로 잘못된 사람이다.

라 로슈프코(프랑스의 모랄리스트)

* *Life* 14

사람은 성공하기 위해 태어났다

사람이란 성공을 위해서 태어났는지도 모른다. 그것은 부모로부터 자신에 이르기까지 성공에 목말라 있기 때문이다. 성공은 자신감과 간절함 그리고 주의 환경과 자신의 노력으로 성취된다. 따라서 불가능해 보이는 도전도 강한 의지로 밀고 나가면 끝내는 성공하는 법이다.

사람 중에는 무슨 일을 하든 잘 풀리는 사람이 있고, 무슨 일을 하든 잘 풀리지 않는 사람이 있다. 풀리는 사람과 풀리지 않는 사람의 차이를 비교해 보면 재능이나 자질 그리고 방법론에 있어서는 별반 차이가 없다. 그런데 한 사람은 성공하고, 다른 한 사람은 실패한다. 이것은 자신감과 간절함의 문제이다.

어떤 일이든 성공하는 비결이 있다. 그것은 포기가 아니라 그 일을 간절하게 원하는 것이다. 실패하는 사람들의 대부분은 성공을 의심한다. 그 순간 자신감과 간절함이 살아진다. 그렇게 되면 결국 실력의 절반도 발휘하지 못한 채 실패의 길로 들어서게 된다.

*Life 15

일단 정해진 일에 열정을 쏟아라

어떤 일에 있어서든 관심이나 흥미를 넘어서는 것이 열정이다. 사람들은 모든 일에 열정을 갖고 있고 그런 생각을 마음에 품고 산다.

대부분 일에 열정을 쏟으면 어느 정도의 피로감은 사라진다. 그 열정을 끌어내는 최선의 방법은 적극적인 자세이다. 이때 새로운 방법을 찾으면 더욱 능률이 오른다.

일이라는 것은 하고자 하는 열정이 없으면 장시간 그 일을 지속할 수 없다. 또한 흥미 위주로 접근하면 쉽게 실증이 난다. 그러기에 일은 진지한 자세로 임해야 한다.

일이란, 남에게 칭찬을 받으려고 하기 보다는 그 노력에 대한 만족감과 일을 마무리할 순간의 성취감이다.

*Life 16

당신이 원하는 것을 수만 번 되새겨라

당신이 이루고자 하는 목표가 가령 연예인이든, 운동 선수이든, 과학자이든, 사장이든 그 과정에 있어서의 노력은 거의 비슷하다. 당신이 성공에 이르고 싶다면 원하는 목표를 향해 마음을 조절해라. 그리고 기초적인 준비에 동기를 부여해라. 즉 머리 속으로 되고자 하는 장면을 항상 최우선적으로 떠올려라.

하지만 일반적으로 자기가 간절하게 원하는 것이 무엇인지를 알고 있는 사람은 백 명에 한 명 꼴도 안 된다.

학교를 졸업하고 당장 무엇을 할 것인가에 대해 물어보면, 그저 대부분의 젊은이들은 '어떤 일이든 좋으니 생활만 보장되면 됩니다.' '어떤 분야든 좋습니다. 오직 돈만 많이 벌면 됩니다.' 그 일이 어떻든 그들의 머리 속엔 목표가 없다.

이런 사람들이 과연 일생 동안 어느 목적지에 도달할 수 있을까? 어느 곳도 도달하지 못한다.

당신도 알다시피 그런 사람은 원점을 빙빙 돌다가 결국에는 일생을 마치게 된다. 이처럼 그들은 자기 자신의 목표를 모르기 때문에 달성하려는 계획조차도 없다.

인생에 있어서 무엇인가를 하려는 사람, 즉 성공하기를 바란다면 지금이라도 당장 목표를 세우는 것이 바람직하다.

당신은 인생에 있어서 무엇을 얻으려 하는가? 우선 그것을 정확히 해야 한다.

또한 어디로 가려 하는지를 마음속으로 확실히 정하고, 성공한 인생을 살겠다고 하면 언제 어디서나 생각하고 있는 것을 되풀이하고 또 되풀이해서 자기 자신에게 확신을 주는 것이다.

그것이 흔들림 없이 마음속에 자리를 잡을 때 당신은 성공한다.

*Life 17

잠재 의식을 깨워라

우리의 머리 속 깊은 곳에는 보이지 않는 강력한 힘이 있다. 그것은 우리의 의식과는 별도로 끊임없이 활동을 한다. 그리고 사고와 감정을 유발시킨다.

잠재 의식의 한계에 관해서는 현재도 다 알려지지 않았다. 잠재 의식은 생명이 다하는 날까지 밤낮으로 깨어 있어 우리에게 닥쳐 올 위험을 미리 암시해 준다. 또한 불가능한 일을 가능케 해 준다.

만일 당신이 이 잠재 의식을 잘 활용만 한다면 기적을 이룰 수도 있다.

잠재 의식이란 무엇일까? 단지 이에 대한 추측과 이론뿐이다. 그러나 심리학자도 이것을 무시하지는 못한다. 정신세계를 연구하는 그들에게 있어서 이것은 아주 매력적인 주제임에 틀림이 없기 때문이다.

천문학을 연구하는 사람에게는 별이 중요한 것처럼, 심리학자에게는 이 잠재 의식이 중요하다. 그러나 아직까지도 확실한 것을 밝혀 내지 못하고 있다.

사람은 누구나 무한한 능력을 지닌 잠재 의식이 있다. 그것은 머리 속에서 활동하는 힘으로 언제나 자신을 위해 그 힘을 끌어낼 수 있다.

잠재 의식이 얼마나 중요한가에 대하여 자기나름대로 체험하지 않은 사람은 거의 없다.

인생에 있어서 가장 훌륭한 업적은 의식과 잠재 의식의 긴밀한 협조로 이루어진다. 단지, 문제는 어떻게 하면 그 힘을 끌어낼 수 있느냐 하는 것이다.

어쨌든 당신은 지금 무엇인가를 이루고 싶어한다. 어쩌면 그것은 눈앞에 있는 사소한 일일지도 모른다. 혹은 어떤 강렬한 야망일지도 모른다. 분명 그 어느 것이든 이룰 수 있는 찬스가 온다. 당신은 우선 이 사실을 믿고 당신에게 말해야 한다. '나는 반드시 성공할 수 있다.'

당신이 성공할 수 있다고 날마다 자신에게 말하면 말할수록 모든 것에 확신이 생긴다. 그렇게 되면 당신은 성공을 위한 돛을 올린 것이나 다름없다.

당신이 장래를 위하여 설정한 목표가 무엇이든, 우선 자신이 그 성공을 간절히 원해야 한다.

언제나 성공에 대한 욕구가 당신의 머리 속 깊이 잠재해 있어야 한다.

그렇게 하지 않으면 당신의 잠재 의식은 당신의 목표를 위해 절대로 작동하지 않기 때문이다.

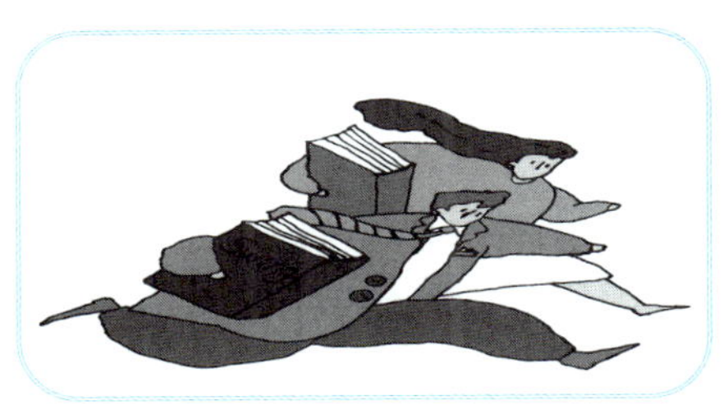

*잠재 의식은 빙산과 같이 내면으로 숨겨진 거대한 생각의 보물 창고이다.

*Life 18

꾸준한 노력은 게으른 재능을 앞지른다

재능도 없고 노력도 없다면 결과적으로 남보다 뛰어날 수 없다.

평범하지만 꾸준히 노력을 하는 사람은 재능만을 믿고 노력을 하지 않는 사람보다 명성을 얻을 수 있다. 그러나 재능과 노력을 모두 갖추고 있다면 훨씬 더 큰 명성을 얻기에 충분하다.

명성이란 어떤 경우든 노력으로 얻을 수 있다. 노력이 없는 명성은 아무런 가치가 없고, 오직 노력만이 높은 지위를 얻게 되는 것이다.

노력을 했음에도 불구하고 용의 꼬리보다 닭의 머리가 되었다면 그런 태도는 눈감아줄 수 있다. 그러나 용이 될 수 있는데도 닭의 머리로 만족한다면 정말 변명할 여지가 없는 것이다.

오직 훌륭한 사람이 되기 위해서는 타고난 재능과 노력뿐이다.

* *Life* 19

당신은 지금도 늦지 않았다

우리는 흔히 이런 말을 입버릇처럼 달고 산다. '나는 이미 늦였어' '나는 이미 틀렸어' '나는 가방 끈이 짧아' 등등 이런 말은 게으른 사람의 핑계에 불과하다. 그러나 이것이 반드시 맞는 말은 아니다.

노동연구단체에 의하면 놀랍게도 가장 능률적으로 일할 수 있는 사람의 평균 나이는 40대 후반이라 한다. 그러나 대부분의 많은 사람들이 40대가 되면 명퇴를 생각한다. 그것은 40대가 20대보다 효율적이고 능률적이지 못하기 때문이다. 그러면 왜, 40대가 되면 명퇴를 생각할까? 분명한 것은 자신의 앞날을 위해 꾸준히 자기 개발에 대한 투자를 게을리 했기 때문이다. 대부분 게으른 사람들은 교육을 받지 못한 것이 실패의 원인이라고 생각한다. 하지만 이것은 하고자 하는 노력도 목표도 없는 것이 아닐까?

대학 교육을 받지 못한 서봉 김사달(의학 박사, 서예가, 화가) · 발명왕 에디슨 · 철강왕 카네기 등등 성공한 사람들은 얼마든지 있다.

* *Life* 20

창의란 새로운 것에 대한 갈망이다

창의력은 새로운 것을 추구하는 사람이 갖는 재능 중의 재능이다. 창의의 선택은 꿈꾸는 사람의 몫이다.

새롭게 만들어진 것을 받아들이는 것은 누구든지 할 수 있다. 그리고 혜택이다. 그것을 처음 만들어 내는 것은 몇몇 사람들, 즉 호기심과 실천력으로 무장한 사람들의 결과물이다.

사람들은 새 것을 선호한다. 그것이 대다수 사람들을 만족시킨다. 그렇다고 해도 새롭다는 것이 항상 좋은 것만은 아니다. 때로는 해가 될 수도 있다. 그래도 새로운 것을 만든다는 것은 칭찬을 받아 마땅하다.

창의란 모방에 의한 모방이 아니라 창의적인 모방을 말한다. 다시 말해 창의는 모방보다 나은 새로운 것에 대한 갈망이다. 그러므로 창의는 우리 사회의 빛이며 희망이다.

*Life 21

준비하는 자세가 나를 발전시킨다

사람이 살아가면서 준비 없는 발전과 향상은 있을 수 없다. 비정한 현실은 경쟁으로 존재하며, 어떤 자리든 치밀한 준비가 없는 한 그 자리를 유지할 수가 없다. 이렇듯 준비하는 사람만이 그 자리를 유지할 가능성이 높다. 이런 사실은 당신도 익히 아는 사실이다. 그렇기 때문에 생각만으로 준비를 대신할 수는 없는 것이다.

만일 당신이 어떤 일이든 준비를 한다면 틀림없이 당신에게 긍정적인 답이 나올 것이다. 또한 당신의 희망찬 내일을 위해 원하는 미래는 열릴 것이다.

예컨데, 막 사회에 첫발을 내디딘 젊은이가 당장 대기업의 이사가 될 수는 없다. 한 단계 한 단계 과정을 거쳐야 그 지위에 오를 수 있는 것이다. 이때 준비는 그 계단을 올라가는 안내자로 그 승진을 돕고, 초지 일관 실력을 발휘하게 함으로써 최선을 다하게 할 수 있다.

그러므로 당신은 우선 지위를 얻기 위한 자신의 역량에 확신을 가질 수 있는 준비가 필요하다. 만일 자신의 자질과 능력을 갖추지 못하면 어떻게 당신이 원하는 것을 얻을 수 있겠는가.

당신이 원하는 것에 대한 시작은 우선 그 일을 훌륭히 해낼 수 있는 준비다. 결코 준비없는 현실은 허구에 불과하다.

가령 구직자들은 면접을 봄에 있어서 이른바 자기 자신에 관한 문제에만 치중할 뿐, 앞으로 자기를 채용할 고용주에게 어떤 도움을 줄 것인가에 대해서는 사전 준비가 소홀하다. 그러나 고용주는 그 구직자가 얼마나 쓸모가 있는가를 발견하는 일에 더 큰관심을 가지고 구직자를 선별한다.

지금이라도 당장 당신이 원하는 회사에 취직하고 싶다면 '나는 당신 회사에 반드시 입사한다' 라는 사실을 믿고, 그 회사에 대한 여러 가지 정보를 수집해라. 그리고 철저히 준비해라.

*고용주는 그 구직자가 얼마나 쓸모가 있는가를 발견하는 일에 더 큰관심을 가지고 있다.

*Life 22

칭찬은 떳떳하게 하라

남을 칭찬하게 되면 사람들은 당신의 보는 눈이 탁월하다고 생각한다.

칭찬은 말거리를 제공하게 되므로 대화를 부드럽게 하고, 하는 사람이나 받는 사람이나 모두 기분이 좋게 되므로 권장할 만하다. 또한 칭찬은 상호간에 대한 경의의 자연스러운 표현이기도 하다.

이와 반대로 어떤 사람은 뒷전에서 입만 열면 남을 깔보고 비웃거나 놀리고 헐뜯기를 밥 먹듯 한다. 그런 사람은 그 자리에 있는 사람들의 비위를 맞추고 그것도 부족한지 남의 흠을 재미삼아 흥을 돋우는 것이 당연하다고 착각한다. 이처럼 뒷전에서 사람을 비난하는 것이 얼마나 비겁하고도 교활한 짓인지를 깨닫지 못하는 사람들에게는 박수를 받겠지만, 그들도 역시 돌아서면 그 사람을 비난하게 마련이다.

*Life 23

당신은 반드시 성공한다

진정으로 성공을 마음속에 그려야 한다. 당신은 성공을 바라고 키우고 꽉 붙들어야 한다. 부정적인 생각이 파도처럼 밀려올 때 그것을 멀리하고 다시금 마음속을 정비하여 새롭게 당신의 성공을 확신해야 한다.

성공을 위해 무수한 날을 자기와의 싸움에서 이기지 않으면 안 된다. 또한 포기해서도 안 된다.

성공이란 목표를 향해 도전하는 습관이 당신의 일부가 되도록 항상 노력해라. 그리고 매일 당신의 성공 본능을 불태워라.

또한 성공을 위해 못한다는 생각을 마음속에서 지워 버려라. 그것은 결코 쉬운 일이 아니다. 그러나 당신은 할 수 있다. 만일 당신의 마음속에 못한다는 생각이 너무 깊으면 일이 잘 풀리지 않는다. 그럴수록 당신은 성공을 위해 고통을 감수하지 않으면 안 된다. 언제 어디서나 못한다는 생각을 극복하면 성공은 반드시 당신과 함께할 것이다.

*Life 24

대범함을 가져라

대부분의 사람들은 평범해서 발등에 떨어진 일뿐이 모른다.

평범한 일 때문에 갑자기 맥이 풀린다. 적은 손해나 이득에 울근불근 감정의 골이 생긴다. 남의 일에 쇼크를 받는다. 이런 사람은 마음이 여려 꿈도 작다.

젊음이 이런 증상에 빠지면 그 사람의 미래는 어둡다. 매사에 일희일비하지 말고 대범함을 보여라. 그러면 자신감과 적극성이 생긴다.

한 번의 실수에 절망하여 언제까지나 속을 끓이면 자신에게 전혀 도움이 되지 않는다. 또한 일마다 실수를 연발하게 된다.

매사를 대범한 눈으로 보면 유연성이 생긴다. 이것이 어떤 의미에서 보면 관용이 된다.

큰 꿈을 그리려면 큰 목표가 필요한 것과 같이, 큰 목표라 해도 그것이 평범하면 큰 꿈을 그릴 수가 없다. 평범한 사람이 실천도 못할 것을 상상하여 마치 현실로 착각하면 오히려 행동에 장애가 온다.

누구든 전혀 관련이 없는 분야를 향해 꿈을 꾸지는 않는다. 예컨데 학문과 관련이 없는 사람이 어떤 새로운 학설을 발표한다든가, 학문을 통해서 세계적인 문호가 될 것이라는 생각은 꿈조차도 못 꾼다.

그러므로 평범한 사람은 직장인이 되어 오직 CEO가 되거나 임원이 되는 것이 전부다.

때로는 복권 당첨을 기대하거나 증권 등으로 돈을 벌어 상대를 누르고 싶다는 꿈을 꾼다. 하지만 현실적으로 불가능한 일은 아니다. 이것이 사행적이고 투기적이며 확률이 낮다는 것이 문제다.

그렇다고 해도 스스로 자신의 꿈을 억제할 필요는 없다. 그 억제된 꿈이 불만으로 나타나기 때문에 평범함보다는 대범함을 키우는 것이 자신을 발전시키는 길이 된다.

*Life 25

자신의 객관적인 가치를 높혀라

누구나 실력이 있다고 해서 반드시 몸값이 높은 것은 아니다.

대개의 경우 자신이 우수하다는 것을 보여 주는 것도 아니고 그것을 알려고 하지도 않는다. 그저 평가하는 대로 흘러간다.

그리고 그들은 그렇게 평가하는 것을 자기 눈으로 보기 때문에 자기도 그렇게 수긍하는 편이다.

사회 생활을 하면서 누구든 자기 몸값을 제대로 요구한다는 것은 대단한 능력이다. 이때 자신의 몸값을 부풀릴 수도 있다.

몸값을 크게 올리는 데에는 이 방법이 효과적이다. 다만 이 방법에는 진실이 뒤따라야 한다.

자신을 알아보는 전문가들에게 전문적인 지식을 제공하고 그것에 대한 것을 인정만 받으면 된다. 그렇게 되면 많은 사람들이 관심을 갖게 된다.

사람들은 누구나 자신이 전문가라고 생각한다. 실제로 전문가가 아닌 경우에는 열등감 때문에 그런 사람을 더욱 원한다.

그러므로 사람은 누구나 가치가 있는 것에 눈을 돌린다. 또한 그 가치에 많은 것을 투자한다.

이때 상식적인 지식을 전문적인 지식으로 위장한다면 자신의 가치는 물론이고 다른 사람의 시선도 끌지 못한다. 그렇게 되면 결국 자신의 몸값은 땅에 떨어지고 말 것이다.

*Life 26

세상은 자기 만족으로 사는 것이다

누군가 출세를 했다고 해서 부러워하거나 시샘하는 것은 좋지 않다.

세상에는 나보다도 못한 사람들이 얼마든지 있다.

언제나 사람들은 자기 입장에서 말하고 자기 만족으로 사는 것이다.

그들은 잠시 착각에 빠져 자신을 우월하게 생각하는 것뿐이다. 하지만 그 착각에서 깨어나면 초라하기 그지 없다.

*Life 27

남을 인정하는 사람이 강해진다

일상 생활을 돌아보면 남의 잘한 점보다 잘못한 점에 관심이 많다. 이는 누구나 마찬가지로 남을 인정할 수 없기 때문이다.

사람들은 티끌만한 행동일지라도 자신의 잘못은 모르는 채 남의 잘못은 금방이라도 찾아내어 지적하려는 마음이 앞선다. 그렇기 때문에 대개의 경우 자신이 저지른 잘못은 보이지 않는 법이다.

그래서 자신의 잘못은 얼렁뚱땅 넘기려 한다. 이때 그것을 보는 남은 얼마나 우습겠는가? 그런 식의 상황이 매번 반복되면 결국 그 사람은 신뢰를 받을 수 없게 된다.

아마 당신도 자신을 돌아보면 결코 그런 행동에서 자유롭지 못할 것이므로 당신도 깊이 반성해야 한다. 아니 적어도 그렇지 않도록 노력해야 한다.

누구든 남을 인정하는 사람일수록 상대를 쉽게 용서할 수 있다.

예를 들어 당신 자녀가 잘못을 해도 당신은 자녀를 야단

치기보다는 이해하려고 노력할 것이다. 그것은 경쟁적이기 보다는 인정하는 마음이 있기 때문이다. 결국 인정하는 사람이 진정으로 강한 사람이며 그런 사람은 남의 잘못한 점을 이러쿵저러쿵 말하지 않는다.

사람이란, 잘못된 점의 인식 차이를 인정하면 남의 잘못을 티끌처럼 아주 작게 볼 수 있다. 만약 그 잘못이 크게 보이면 그것을 이해하는 쪽으로 생각을 바꾸면 자신이 강해진다.

* *Life* 28

일은 즐겁게 해라

친구들과 함께 수다를 떨다 보면 1시간도 2시간도 좋다. 하지만 마음에 들지 않는 사람과 단 10분을 이야기하더라도 머리가 아프다. 일에 있어서도 마찬가지다. 즐겁게 일을 하면 마음이 가벼울 뿐더러 몸도 덜 피곤하다.

어떤 경우든 마음을 쓰기에 달려 있다. 싫든 좋든 자신이 할 일이라면 반드시 즐겁게 하는 것이 바람직하다.

행복의 문을 열어주는

내 안의 인생

Life

Part 2

인생의 CEO

*Life 1
하루의 아침이 오늘을 결정하고, 미래를 풍요롭게 한다

아침에 일찍 일어나는 것이 좋다는 것은 누구나 다 아는 사실이다. 그러나 정작 아침에 일찍 일어난다는 것은 그리 쉬운 일이 아니다. 우리는 이제부터라도 아침에 일찍 일어나 제일 먼저 그날의 계획을 세워 보자. 성공한 사람치고 아침에 일찍 일어나서 그날의 계획을 챙기지 않는 사람은 없다.

*하루의 아침은 가슴을 설레이게 한다.
*하루의 아침은 여유를 갖게 한다.
*하루의 아침은 미래를 꿈꾸게 한다.
*하루의 아침은 인생의 나침반이다.

*Life 2

경쟁자를 이겨라

경쟁 관계에 있어 경쟁자가 미리 힘이 센 쪽으로 붙었다고 하여 힘이 약한 쪽으로 붙지 마라. 그리하면 지는 싸움을 하는 것과 같다.

그런 처신은 패배를 인정하는 꼴이 되고 머지않아 불이익을 당하게 된다.

이때 경쟁자가 힘이 센 쪽을 먼저 선택한 것은 진정 발빠른 처신이다. 하지만 뒷전으로 가서 힘이 약한 쪽에 발을 들여놓는 것은 진정 어리석은 처신이다. 이런 생각은 말로 하는 것보다 행동으로 옮기는 것이 더욱 위험하다.

경쟁에서 밀리는 사람의 공통점은 적을 이롭게 하거나 자기 편과 다투어서 그들과 관계를 끊고 멀어진다.

하지만 경쟁자는 절대로 약한 쪽에 발을 들여놓지 않는다. 감정보다는 명분에 따라서 힘이 센 쪽을 선택한다.

결국 경쟁자를 힘이 센 쪽에서 밀어내려면 힘이 센 쪽을 먼저 선택하는 것이다. 그러면 경쟁자는 조급한 마음에 힘이 센 쪽을 스스로 버리고 한동안 후회할 것이다.

*Life 3

너무 허물없이 지내면 위아래가 없어진다

너무 가깝게 지내면 위계 질서가 문란해져서 자신의 영향력이 적어진다. 또한 존경을 받기는 커녕 무시당하는 꼴을 면치 못한다.

사회적으로 지위가 있는 사람들은 일반 사람들과 어울리지 않기 때문에 권위와 품위를 유지할 수 있는 것이다.

말을 놓고 지내는 사이일수록 하찮은 말 한마디에도 무시하는 마음이 싹트게 된다.

또한 자기 것을 허물없이 드러낼수록 자신에겐 불리하다.

무엇을 하든 어느 정도의 결점은 드러내지 않는 것이 좋다. 친하다고 해서 공개적으로 이런 저런 시시콜콜한 것들을 드러내면 어느 순간에 체면이 구겨진다.

사회 생활을 함에 있어서 극히 만남의 자리는 어떤 경우든 처신을 잘해야 한다.

윗사람이든 아랫사람이든 그것으로 인해 약점이 될 수도 있고 무시를 당할 수도 있기 때문이다.

천박한 사람들과 가깝게 지낸다는 것은 아주 잘못된 관계이다. 그런 사람들은 자기에게 예를 갖추면 자기가 대단한 양 착각을 한다. 그렇게 되면 어리석게도 기어오르게 되고 끝내는 품위를 손상시킨다.

정중함도 예가 지나치면 고통이 되고, 신중함도 예가 지나치면 비겁함이 된다. 용맹에 예가 없으면 난폭해 지고, 정직함에 예가 없으면 잔혹하게 된다.

공자(춘추 시대의 사상가)

*Life 4

먼저 시작하는 사람이 명성을 얻는다

우리가 살아가면서 어떤 일이든 뒤따라 가는 것보다 앞서 가는 사람이 훌륭하다. 더군다나 그 일을 성공시키면 남들로부터 칭송을 받는다.

가령 100m 달리기를 하는 사람들이 스타트 라인(Start Line)에서 출발을 한다. 출발 신호와 동시에 뛰는 사람이 유리하다는 것쯤은 누구나 다 알고 있다.

일도 이와 마찬가지로 먼저 시작하는 사람이 먼저 성취하는 법이다. 또한 그 가치는 매우 놀라운 것이며 독보적이다.

어떤 일이든 가장 먼저 시작하는 사람만이 명성을 얻는 법이다. 그리고 나머지 사람들은 그의 명성에 가려 뒤만 따라가게 된다.

흔이들 일에 있어서 뒤따라오는 사람은 이런 불평을 한다. '나는 저 친구보다 먼저 그 일을 시작했다.' 그런데 저 친구가 가로챈 것이라고 앵무새처럼 지껄여댄다. 그러나 아무리 지껄여댄들 세상 사람들은 그를 믿어 주지 않는다.

앞서가는 사람들은 남보다 먼저 생각하고 먼저 새로운 것을 시도한다. 그리고 항상 신중하게 행동한다.

그들은 새로운 길을 개척했다는 이유로 명예를 얻게 되고 또한 단체에 이름을 남긴다. 그리고 더어나가서는 사회에 이름을 남긴다.

누구나 남이 시작한 일을 하고 싶어하는 사람은 없다. 그보다 새로운 일을 하고 싶어 한다. 그럼에도 불구하고 정작 남을 따라가기 바쁘다.

세상에서 가장 앞서가는 사람은 현재에 만족하는 것보다 현재 무엇을 하고 있느냐 하는 것이다.

다른 사람의 마음속에 무슨 일이 일어나고 있는지를 몰라서 불행해지는 경우는 거의 없다. 그러나 자신의 마음에서 일어나는 일을 지나치면 반드시 불행에 빠질 것이다.

어거스틴(신학자)

*Life 5

인간 관계는 자신의 선택이며 책임이다

인간 관계를 피하거나 고민하는 사람들이 많다. 하지만 사치러운 짓이다.

정도의 차이는 있겠지만 맘에 안 드는 사람과 함께 지낸다고 해서 내가 꼭 나빠지는 것은 아니다.

가령 토끼 우리에 강아지를 넣었다고 치자. 그러면 토끼는 살아남기 위해 노력을 할 것이다. 그렇게 되면 행동이 민첩해 질 것이고 활력도 유지될 것이다. 그렇지 않다면 토끼는 고독과 비만으로 시달리다 결국 건강을 잃고 죽을지도 모른다.

내 주변에 참을 수 없을 정도의 사람이 있다.

그 사람이 내 친구에 친구라고 생각하면 미워하기 어려울 것이다. 친구에 친구를 싫어한다는 것은 나에게도 문제가 있다는 것과 같다.

아무리 친구 사이라도 시간이 흐르면서 대개의 경우는 내가 친구의 친구를 싫어하면 그 친구도 역시 나를 싫어할 것이다.

상대를 싫어하는 이유는 무엇인가?

그렇다면 자신이 그 사람과 비교할 때 원만한 인간 관계를 유지하고 있는가?

상대는 나를 어떻게 생각하고 있는가를 안다면 정작 자신 나름대로 반성할 점도 있다.

지금의 인간 관계는 항상 당신 앞에 있다. 당신은 항상 당신 자신에게 책임을 져야 한다.

그렇다고 해서 누구든 잘 지내라는 것은 아니다. 그러나 사적으로 얽힌 것이라면 마음먹기에 따라 반드시 해결할 수 있다. 이처럼 인간 관계를 개선하는 것도 자신의 능력이다.

사람이 살아가면서 누구를 싫어하겠는가? 누구든 싫어하는 마음을 줄여 가면서 사는 것이다.

*Life 6

돈은 선한 것도 악한 것도 아니다

사람은 움직일 적마다 돈이 따라다닌다. 입고 · 먹고 · 자고 · 타는 데에 있어서 돈은 필요하다.

어느 나라 어느 곳을 가든 깡통을 앞에 놓거나 들고서 구걸을 하는 사람들이 있다. 만약 주고 싶어도 돈이 없어서 못 줄 경우가 있다. 이 경우 야속한 눈초리를 보내거나 절망한다. 아무리 미안한 마음을 전해도 그들의 섭섭한 마음은 쉬 풀어지지 않는다.

돈이란 어떻게 하면 많이 벌 수 있을까? 그 방법은 수만가지다. 상황에 따라서 쉬울 수도 어려울 수도 있다. 장사를 하거나, 회사를 다니거나, 파트 타임(Part time)을 하거나, 넝마주이를 한다. 이것이 여건에 따라서는 많은 돈을 벌 수가 있다.

돈을 벌려면 남보다 앞서야겠지만 어째든 일이란 돈을 받게 마련이다.

대부분은 빚쟁이에게 시달리거나 중병에 걸려 몹시 절박할 때, 돈은 그 위력을 발휘한다. 이때 돈은 빚에 시달리는 사람에겐 단비요. 중병에 걸린 사람에겐 새생명이다.

돈이 많은 사람은 배를 두드리며 힘든 일은 다른 사람들에게 시킨다. 그리고 전혀 양심의 가책을 느끼지 못한다. 또한 더러워질 이유가 없는 뽀얀 얼굴과 뽀얀 손을 치장한다.

그들은 인권을 무시한 채 많은 사람을 제멋대로 부리는 것이 옳다고 생각한다. 그들의 심장은 얼음장과 같고 피는 따스함이 없다. 남에게 겁을 주거나 속이고, 또한 거짓말을 밥먹듯이 한다.

그들은 돈의 힘을 이용해서 가진 것이 없는 사람들을 인정머리없이 몰아붙인다. 또한 돈 때문에 사람을 죽이는 일조차 서슴치 않는다. 돈을 빼앗기 위해 입에 담지 못할 욕설로 정신을 못차리게 한다.

그토록 돈에 욕심이 많은 사람들은 자신 외에 다른 사람을 믿지 못한다. 그것은 어떤 치명적인 약점이 있기 때문이다.

돈을 많이 갖고 있는 사람은 이중적이다. 그리고 마음씨가 좋은지 나쁜지를 알 수 없다. 그것은 부모로부터 돈을 받았거나 부정으로 돈을 모았기 때문이다. 그렇지 않다면 어디서 그렇게 많은 돈을 모았을까.

돈을 많이 갖고 있는 사람은 명예가 돈인지 돈이 명예인지 분간을 못한다.

분명 명예는 사람들에게서 얻는 것이고 돈은 정당한 일로 얻는 것이다. 하지만 그들은 돈을 만능으로 착각한다. 분명 이런 사회는 부패한 사회이다.

돈은 악도 아니고 저주스러운 것도 아니다. 다만 쓰는 사람에 따라서 악할 수도 선할 수도 있다.

그러므로 돈이란 잘 쓰면 축복이요. 잘못 쓰면 재앙이 되는 것이다.

*Life 7

평형 감각이 있는 정신적인 지도자를 꿈꿔라

가정이든 사회든 안정이 되지 못하면 평형 감각이 없어진다. 그렇게 되면 전반적으로 사회 분위기는 혼란에 빠진다. 또한 지도자는 그 본질을 잃고 많은 대중은 그를 배척한다.

이럴 때 어떤 분야에서 일하던 사람이 지도자가 되느냐 하는 것은 그리 중요치 않다. 다만 지금 이 상태로 간다면 끝내 현재의 상태를 벗어날 수 없다는 것이다.

현실은 적대적 이념으로 변질된 입이 영웅이고, 보수인 양 진보인 양 착각을 하는 시대가 되었다.

정작 입으로 싸우는 보수와 진보뿐이다. 그래서 그런지 입으로 춤추는 것만이 진실이 되는 오류에 빠졌다. 이런 현실에 몸살을 앓고 있는 대중은 정신적인 혼란에 휩싸여 허우적거릴 뿐이다. 그럼에도 불구하고 몸이냐, 입이냐 이것이 혼란의 불씨로 남아 있다.

화합을 위해서는 평형 감각이 있는 정신적인 지도자가 필요하다. 그것은 사회를 안정 시키고 희망을 창출하게 될 것이 분명하기 때문이다.

*Life 8

배움은 자기 자신을 발전시킨다

지식이 없다면 지식이 많은 사람과 사귀는 것이 좋다. 자신의 지식이든 남의 지식이든, 배움을 게을리한다면 참된 삶이 불가능할 뿐더러 사회 생활도 힘들다.

대부분의 사람들은 자신이 무지하다는 사실을 잊고 산다. 실제는 모르면서도 모든 것을 다 아는 체한다. 자신의 무지를 깨닫지 못하는 사람들에게는 어떤 식으로든 고쳐 주기 힘들다. 왜냐하면 그들은 자기 자신을 모르기 때문에 결코 자기가 모르는 것을 배울 리가 없다.

남에게 가르쳐 달라고 해서 자신의 능력이 줄어들거나 무능하다고 보지는 않는다. 그것은 당신이 배우겠다는 사람으로 인정받는 것과 같다.

그러므로 적극적인 배움을 통하여 자신의 어리석음을 깨닫는 한편, 미래를 활짝 열 수 있는 준비의 기회로 삼아야 한다.

*Life 9

돈에 대한 이해

돈이라는 것은 우리에게 필요하다. 그렇다고 절대적인 것은 아니다. 돈이라는 것은 내가 원하고자 하는 것을 살 수 있다. 그러나 돈으로도 못 사는 것이 있다.

*음식은 돈으로 살 수 있다. 그러나 입맛은 돈으로 살 수 없다.

---

*얼굴은 돈으로 고칠 수 있다. 그러나 마음은 돈으로 고칠 수 없다.

---

*책은 돈으로 살 수 있다. 그러나 지혜는 돈으로 살 수 없다.

---

*약은 돈으로 살 수 있다. 그러나 건강은 돈으로 살 수 없다.

*연장은 돈으로 살 수 있다. 그러나 솜씨는 돈으로 살 수 없다.

---

*일꾼은 돈으로 살 수 있다. 그러나 성의는 돈으로 살 수 없다.

---

*금고는 돈으로 채울 수 있다. 그러나 마음은 돈으로 채울 수 없다.

---

*시계는 돈으로 살 수 있다. 그러나 시간은 돈으로 살 수 없다.

---

*지위는 돈으로 살 수 있다. 그러나 명예는 돈으로 살 수 없다.

이처럼 세상살이가 돈으로 다될 것 같아도 결코 돈은 껍데기만을 사는 것뿐, 알맹이는 살 수가 없는 것이다.

*Life 10

리더(Leader)에게서 배우자

리더(Leader)는 남과 다르다. 그것은 인관 관계에 있어서 남다른 경험을 했기 때문이다. 그는 믿었던 사람에게 실망을 수만 번 했고, 포기하고 싶었던 일이나 절망을 통해서 오늘 이 자리에 있는 것이다.

그럼에도 불구하고 평판은 썩 좋지 않다. 사람을 이것저것 시키는 것은 물론 깐깐하기 때문에 원성을 사는 경우가 허다하다. 그렇게 원성을 사면서도 리더 자리에 있다는 것이 신기하지 않은가?

뭔가 리더로서 장점이 있기 때문에 리더의 자리를 유지하고 있는 것이 아닐까라고 생각하면 분명 배울 점이 있다.

훌륭한 리더라고 하는 것은 얼마나 상대의 장점을 인정하고 단점을 받아들일 수 있는냐? 하는 것이다.

그런데 대부분의 사람들은 상대의 단점만을 보고 장점은 보려 하지 않는 경향이 있다.

그것도 자신이 실제로 보거나 확인하지 않은 소문을 인정해 버린다. 그리고 사실인 양 떠들어댄다. 이는 심리적으로 상대을 비하하므로써 자신이 더 우월해 질 것이라는 무의식 중의 행위일 것이다. 하지만 남들이 리더를 어떻게 생각하고 있던지 간에 나름대로 그의 장점을 눈여겨 보고 가능한 한 배워라.

*남들이 생각하는 것처럼 리더(Leader)를 무시하는 것보다 인정하는 편이 훨씬 더 정신 건강에 좋다.

---

*사람은 누구나 가치관이나 인생관이 다르다. 리더(Leader)도 그 나름대로의 성공한 경험을 갖고 있다.

---

*아무리 리더(Leader)가 볼품없다 치더라도 리더가 걸어온 길을 살펴보면 반드시 어딘가에 배울 점이 있다.

리더(Leader)는 나를 발전시키기 위한 최상의 샘플(Sample)이다. 그러므로 그의 말과 행동을 배워가면 당신도 어느새 리더가 되어 있을 것이다.

* *Life* 11

예스맨(Yes-man)을 경계하라

어느 단체이든 한두 명의 예스맨이 끼어 있는데 그 타입은 다양하다. 단체에 있어 예스맨(Yes-man)들은 항상 마음에도 없는 칭찬을 주절주절 늘어놓거나 아부를 일삼다가 뒤로 돌아서면 험담을 하는 것이 특징이다. 이런 예스맨을 좋아할 동료는 아무도 없다. 그럼에도 불구하고 달콤한 말에 마음을 빼앗겨 그를 믿고 따르는 경우가 있다. 더욱더 한심한 것은 그런 사람을 자기의 오른팔인 양 자랑스럽게 소개하는 경우이다.

늘 주변에는 다른 의견을 떳떳이 윗사람에게 제시하는 사람이 많아야 한다. 예스맨을 그대로 방치해 두면 주변의 다른 사람들에게도 영향을 주거니와 어떤 식으로든 분란을 일으킨다.

윗사람이 그릇된 의견을 제시했을 때, 무조건 비위를 맞추기 위해 Yes라고 한다면 그 단체는 제대로 유지될 수 없다. 그러나 윗사람의 의견에 No를 한다면 그 단체는 발전할 수 있다.

* *Life* 12

군대식을 통해서 배워라

어떤 나라든 간에 군대식은 사람 관리에 있어서 참으로 유익한 자료가 된다. 지휘관의 명령 한마디에 병사가 고지를 향해 목숨을 초개처럼 던지는 것은 무엇 때문일까?

사회와 같이 돈을 많이 주는 것도 아니고 역사에 이름을 남기는 것도 아닌데 말이다.

군대란 오직 엄격한 규율 하나로 움직인다. 지휘관은 자신보다는 먼저 병사를 보살펴야 한다. 병사는 잘 먹고 잘 자는가? 건강 상태는 양호한가?

이것은 사회 생활에 있서도 마찬가지다.

윗사람은 고압적으로 아랫사람에게 지시를 하거나 명령을 해서는 안 된다. 아랫사람의 주변 문제 신변 문제까지도 배려하므로써 궁극적인 목표를 보다 빨리 달성할 수 있게 도와주는 존재일 뿐이다.

군대의 지휘관처럼 항상 앞장 서서 모범을 보여라. 그러면 아랫사람은 충성스런 마음으로 뒤를 따르게 될 것이다.

*Life 13

끝까지 포기하지 마라

대부분의 사람들은 시작부터 거창한 꿈에 부풀어 앞뒤 가리지 않고 호들갑을 떤다.

그들은 무리한 계획 앞에서 줏대도 없이 어물거리기만 하고 딱 잘라 결단을 내리지도 못한다. 그러므로 어떤 일이든 성취할 수 없다. 때문에 성공은 커녕 최초의 장애물 앞에서 포기하게 된다.

그러나 어떤 사람들은 자기의 마음을 잘다스려 끝내는 원하는 일을 성취한다.

인내가 약한 사람들은 장애물이 극복될 때까지는 일을 열정적으로 한다. 그러나 일단 장애물이 극복되면 거기서 만족할 뿐 끝까지 밀고 나가지 않는다.

능력으로 보아서는 성취할 수 있지만 그럴 의지가 없는 것이다. 그런 사람들은 자신이 무능하거나 신뢰할 수 없다는 것을 스스로 보여 주는 꼴이 된다.

충분히 성공이 보장되는 일이라면 왜 끝까지 하지 않는가? 실패할 일이라면 처음부터 왜 시작하는가?

성공은 반드시 끝없는 역경을 통해서만이 이룰 수 있다. 그러므로 모든 역경은 인생의 성공을 예약하는 것과 같다.

성공을 하려면 포기하지 않고 자신의 밭을 갈고 가꾸어야 한다. 그렇기 때문에 단순히 씨를 뿌리는 것만으로 끝나서는 안 된다.

성공의 비결은 갈망하는 마음이 일정하고 변하지 않는 데에 있다. 한 가지 목표를 가지고 꾸준히 노력하면 반드시 싹이 틀 것이다.

성공에 실패하는 이유는 처음부터 끝까지 한 길로 꾸준히 나가지 않았기 때문이다.

최선은 쇠라도 뚫고 만물을 굴복시키는 것과 같은 힘이 있다.

디즈레일리(영국의 정치가)

*Life 14

끈기와 결단력은 인생의 보석과 같다

세상을 살아가면서 끈기와 결단력만큼 소중한 것은 없다. 또한 그것을 대신할 것은 더욱더 없다.

재능이 아무리 많다 한들 모든 것을 이룰 수는 없다.

세상에서 누구나 하는 이야기는 재능을 가지고 있으면서도 성공하지 못하는 사람들의 이야기다.

아무리 천재라 해도 어떤 문제든 다 풀 수 있는 것은 아니다. 이처럼 자신을 꽃피우지 못하고 사라진 천재들은 얼마든지 있다.

교육을 아무리 많이 받았다 한들 빈둥거리는 사람들도 얼마든지 있다.

그러므로 살아가는 동안 끈기와 결단력은 인생의 보석과 같은 것이다.

*Life 15

일에 있어서 순서를 정하는 것도 능력이다

사실상 할일이 많다고 해도 종류만 많은 것이다. 하지만 일에 대한 순서를 정하고 그 일을 순서에 따라 진행하면 무리가 없다. 문제는 시일이 오래 걸리는 일을 시작부터 미련통이처럼 싸잡고 있다는 것이다.

유능한 사람은 쉬운 일부터 처리한다. 또한 어떤 일이든 전후를 살펴 구분하고 그 일을 분담해서 처리한다.

아마 이것이 사소한 것처럼 보여도 사실상 중요한 일이다. 예를 들어 윗사람과의 일을 사전에 전화로 확인할 일이 생겼다고 치자. 그런데 그것을 너무 쉽게 생각한 나머지 뒤로 미루다 깜박했다. 결국 그 일이 성사되기는커녕 큰 낭패를 보게 될 것이 뻔하다.

이처럼 급하게 처리할 일이 무엇이고 나중에 처리할 일이 어떤 것인지를 명확하게 구분해야 된다. 이것 또한 능력일 것이다.

*Life 16

첫마디는 쉬운 질문으로 시작하라

상대와 이야기를 나누는 목적의 하나는 정보를 얻기 위한 것이다. 그러므로 대답하기 쉬운 질문부터 하는 것이 바람직하다.

가령, 이야기를 시작하기 전에 상대는 어떤 사람이며, 자신은 무엇인가를 얻고자 할 때, 괜스레 첫만남은 호기심과 경계심으로 가득차게 된다. 그러므로 두 사람 사이의 첫마디는 신중할 수 뿐이 없다.

이때 첫마디 말이 그 사람의 인상을 순수하게 만들기도 하고 불순하게 만들기도 한다.

이런 상황에서 상대에게 어려운 질문을 던진다면 상대는 할 말을 찾기도 전에 그 자리를 피하고 싶어할 것이다. 또한 안절부절 입을 열기도 쉽지 않을 것이다.

이와 반대로 가볍게 질문을 던진다면 상대는 긴장된 마음을 풀고 차근차근 대답을 하게 될 것이고, 결국 당신은 손쉽게 원하는 정보를 얻을 수 있다.

*Life 17

세상에는 평등한 것이 없다

세상을 살아가면서 평등한 것을 원한다면 어떤 경우라도 매우 어리석은 짓이다. 그런 생각은 자기 자신과 사회 질서를 파괴하는 것과 같다.

사람은 평등을 생각하지만 자기 위치의 유리함과 불리함에 의해 생각을 달리한다.

평등은 서로의 모자람을 채우는 관계에 불과하다. 왜냐하면 남자가 여자가 되지 못하는 것과 같이 여자도 남자가 되지 못하기 때문이다.

*평등은 서로의 모자람을 채우는 관계에 불과하다.

*Life 18

창의력이 곧 능력이다

당신에게 있어서 창의력은 늘 새롭게 보여 주는 자신의 능력과 같다. 이것이야말로 자신을 발전시키는 원동력이 되는 것이다.

능력이란 시간이 지나면서 사라지게 마련이고 그 능력과 함께 따르는 명성도 줄어든다.

이와 같이 옛날에 보여준 능력이 지속적으로 반복된다면 너나 나나 별로 감탄하지 않는다.

현재의 새로운 것이 오래된 명품을 폐품으로 만드는 데, 이것은 새로운 것에 대한 사람의 욕구 때문이다. 따라서 그 욕구는 자신감, 참신성, 진취성과 미래 정신이 있어야 가능하다. 그러므로 창의적인 것을 위해 분위기를 쇄신하고 새로운 시각에서 모든 사물을 접해야 한다.

이처럼 당신도 과거의 잘 나가는 위치를 뒤로 한 채, 새로운 시각에서 창의력을 발산하면 오래도록 박수 갈채를 받을 것이다.

*Life 19

상대방의 시선을 집중시켜라

상대방의 주의를 끌고자 할 때에는 반드시 시선을 집중시켜야 한다. 왜냐하면 상대방은 시간이 흐름에 따라 점점 시선이 분산되기 때문이다.

당신이 시선을 끌려고 할 때 그 방법은 매우 간단하다. 그것은 주제를 상대방이 바라는 관심 분야로 돌리면 된다.

그런데 꼭 알아야 할 것은 당신의 이야기에 상대방은 그리 오랫동안 시선을 주지 않는다는 것이다. 이때 당신의 이야기가 즐거움을 주거나, 흥미를 유발시키거나, 또는 자신의 문제를 풀어 줄 내용의 것이라면 당신의 이야기에 반응을 보일 것이다. 하지만 난해하고 관심이 없는 이야기에는 곧 싫증을 내고 딴 생각을 하게 마련이다. 그렇게 되면 주위의 어수선함으로 인해 이야기는 중단될 수도 있다.

이처럼 상대방의 시선을 장시간 붙잡아 두기란 어렵다. 그러므로 상대방과 이야기를 할 때에는 중요한 부분은 중복해서 말할 필요가 있다. 이 경우 내용이 지루하지 않도록 분위기를 전환하는 것이 좋다.

그렇다고 해도 상대방에게 어렵고 복잡한 내용을 말할 때 아무리 쉽게 풀어 이야기한들 한두 마디를 놓치게 되면, 그 이야기는 더 이상 소용이 없을지도 모른다. 그 까닭은 상대방이 계속 듣는다고 치더라도 이야기의 흐름을 이해할 수 없기 때문이다.

그렇다면 상대방의 시선이 산만해졌다는 것을 어떻게 알 수 있을까? 대개 시선이 산만해진 사람들에게는 몇 가지 공통된 변화가 나타난다. 그것은 불필요한 질문으로 리듬을 끊는다든가, 이야기의 내용과 관련이 없는 질문을 한다든가, 이미 설명을 해 주었는 데도 불구하고 엉뚱한 말을 할 경우이다.

당신은 이와 같은 변화에 대해 어떤 대처가 필요한지를 사전에 알아 두어야 한다. 그러면 의외의 상황이 벌어진다고 해도 결코 당황함이 없이 차분하게 대처할 수 있다.

*Life 20

경험과 실험을 통해 얻어진 진리가 참된 지식이다

진실이든 오류든 받아들이는 사람에 따라 지식이 된다. 이 말은 처한 시대와 나라 그 고장의 환경 속에서 알게 된 상태나 또는 정보를 말한다. 정보의 홍수 속에서 진실이 아닌 거짓으로 드러날 정보를 얻는다는 것은 매우 안타까운 일이다.

세계 최초로 지동설을 주장한 아리스타르코스 이전에는 지구가 평평하다고 믿었던 것과 같은 오류가 그것이다.

어떤 경우든 진리를 바탕으로 입증될 때만이 지식의 힘은 강해진다. 그렇지 않은 경우 당신의 발전과 진보를 가로막는 결정적 걸림돌이 되는 것은 물론, 엄청난 정신적 혼란을 초래하게 된다.

과연 진리란 어떤 것인가. 그것은 어떤 명제가 사실과 일치하거나 논리에 맞는 것을 말한다.

그렇다면 사람들은 어떻게 진리를 발견할까. 그들은 경험을 통해서 진리를 발견하고 실험을 통해서 입증한다. 이처럼 실험을 통해 진실인지 오류인지를 규명하는 것이다. 사람들이 공식적으로 지구가 둥글다고 하기 훨씬 이전서부터 지구는 둥글다라는 사실을 몰랐다. 단지 평평하다는 것을 진리로 믿었던 것이다. 그렇다면 지구가 둥글다는 것을 전제로 사람들은 그것을 입증하기 위해 수많은 연구와 실험을 했고, 그 결과가 맞는다는 것을 입증하게 되었다. 따라서 사람들은 지구가 둥글다라는 진실을 믿게 된 것이다.

이것은 확정된 진리다. 이처럼 진리는 오랜 시간 동안 경험과 실험을 통해서만이 참된 지식으로 탈바꿈할 수 있는 것이다.

*진리는 오랜 시간 동안 경험과 실험을 통해서만이 참된 지식으로 탈바꿈하는 것이다.

*Life 21

사람은 기계가 아니다

아무리 많은 돈과, 아무리 좋은 원료와, 아무리 좋은 기계를 가지고 있다 하더라도 결국 사람이 없다면 어떤 목적도 달성할 수 없다.

사람을 통해서만이 비로소 원하는 것을 얻는 법이다.

따라서 지식 · 특성 · 컨디션(Condition) 등을 잘 살펴야 한다.

왜냐하면 사람은 기계가 아니기 때문이다.

*Life 22

귀가 엷은 사람을 경계하라

쓸데없이 고집을 부리면 분란이 생긴다. 그러나 이보다 더한 것은 귀가 엷어 그때그때 줏대도 없이 흔들리는 것이다.

대체로 가볍게 생각하면서도 무책임한 사람일수록 귀가 엷다. 주위에서 누가 뭐라고 말을 하면 즉각적으로 반응을 보인다. 뿐만 아니라 앞뒤 가리지 않고 지껄이는 일을 밥 먹듯이 한다. 그런 후, 어느 순간 분쟁의 빌미를 제공한다.

그들은 전혀 반성할 기미도 없거니와 아주 뻔뻔스럽다. 더욱이 남의 말을 잘 들어주는 현명한 사람처럼 떠벌리고 다닌다.

또한 귀가 엷은 사람은 듣는 것이 먼저가 아니라 무슨 말이든 가리지 않고 동네방네 귀를 열어놓고 수다를 떤다. 그러다가 결국은 신뢰할 수 없는 사람으로 낙인찍힌다.

* *Life* 23

메모(Memo)하는 습관을 길러라

메모(Memo)를 하는 것은 반드시 해야 할 일을 정확하게 하려는 것이다. 만일 그것을 처리하지 못한다면 그 일이 밀리고 또 다른 일이 생기면 그 일이 밀려 결국 하고자 하는 일의 진행은 물론이고 시간도 그만큼 낭비된다. 그렇기 때문에 메모를 근거로 일정표를 짜고 그것을 행동 지침으로 삼아 실천해야 한다.

가령 친구와 만나기로 했다. 이럴 경우 그저 막연하게 약속을 하는 경우가 적지 않다. 그렇게 되면 쉽게 약속을 잃어버릴 뿐만 아니라 아무리 친한 친구 사이라 할지라도 실례를 범하게 된다. 그 정도면 다행이다. 정말 중요한 약속이라면 아마도 큰 낭패를 볼 것이다.

그러므로 메모를 할 때에는 막연한 것보다 구체적으로 언제 · 어디서 · 몇 시에 · 무슨 일로 만나야 하는 지를 정확히 해 두는 것이 좋다.

'10월 3일 · 코엑스 몰 커피 숍 · 오후 2시 30분 · 원고료 지불 건.'

위와 같은 식으로 메모를 해두면 효과적으로 일을 처리할 수 있다.

*Life 24

미래의 사태에 대비하는 것이 리더(Leader)다

훌륭한 리더(Leader)는 현재의 일에만 정신을 팔거나 만족을 해서는 안 된다.

앞으로 닥쳐올 일을 예측하여 슬기롭게 대처한다는 생각을 가지고, 예고없이 발생할지도 모를 모든 가능성과 문제점을 현 시점에서 파악해야 한다.

그러므로 사전에 충분한 검토와 여유를 갖고 언제나 노력하는 자세가 필요하다. 그렇지 않으면 불의의 사태로 당황하게 되고 따르는 사람들마저 우왕좌왕 정신을 못 차리게 된다.

*Life 25

줄 것만 주는 것이 가치를 높이는 것이다

누구든 비장의 무기인 노하우는 절대로 남에게 전수하지 않는 것이 일반적이다. 이것은 위대한 스승들이 제자들에게 지식을 전수하는 과정에서 깨닫게 되는 인생 최대의 교훈이다.

스승이란 항상 제자들보다 더 앞서가야 한다. 그리고 더 뛰어나야만이 스승의 자리를 계속해서 유지할 수 있는 것이다.

그렇기 때문에 자신이 많은 지식을 갖고 있다 치더라도 교묘한 방법으로 가르치지 않으면 안 되고, 또한 지식을 전달할 때에는 그 지식을 몽땅 내주어서도 안 된다.

이것은 우물에서 마실 만큼의 물을 퍼 올리듯이 조금씩만 퍼서 나눠 줘야 한다. 이와 같이 하면 지속적으로 존경을 받게 되는 것은 물론, 남들이 당신을 의존하고 따르게 될 것이다.

남들을 기쁘게 하거나 가르치는 일에 있어서 반드시 지켜야 할 것은 남에게 한층 더 기대감을 갖게 하고 그들을 항상 앞지르는 것이다. 또한 밑천이 마르지 않는 상태를 유지하는 것만이 편안한 삶과 성공을 기대할 수 있다. 그것은 높은 지위에 있는 사람들이 꼭 지켜야 할 법칙과도 같은 것이다.

젊었을 때 나는 사람들에게 끊임없이 그들이 줄 수 있는 것 이상을 요구했다. 그것은 우정이나 영구적인 감동 같은 것이다.

이제 나는 그들이 줄 수 있는 것보다 적게 요구할 수 있다.

예를 들자면, 아무 말 없이 같이 있어 주는 것만으로 그들의 감동과 사랑을 온몸으로 느끼기 때문이다.

알베르 카뮈(프랑스 작가)

*Life 26

간단 명료한 설명이 시간을 아낀다

너무 한 가지 일만을 가지고 오랜 시간 장황하게 설명을 하면 듣는 사람들로 하여금 지루함을 느끼게 한다.

어떤 일이든지 간단 명료한 설명이 듣기에도 좋을 뿐더러 메시지(Message) 전달도 잘된다.

이때 이미 알고 있는 것을 되풀이해서 계속한다면 그런 사람은 짜증나는 사람이다.

늘상 어떤 일에 도움이 되는 사람이 있는가 하면 거치적거리는 사람이 있다. 그들은 사사건건 아는 척 설명을 하는데, 정말로 짜증난다.

현명한 사람은 일하는 사람을 짜증나게 하지도 않고, 일에 쫓기는 사람의 시간을 빼앗지도 않는다.

일하는 시간을 빼앗는 것은 주변 사람들을 방해하는 것보다 더 고약한 짓이다. 이런 짓은 주변 사람들과 바쁜 사람들에게 있어서 결코 좋은 평을 받기 보다는 핀잔을 듣게 마련이다.

* *Life* 27

변화를 즐겨라

대부분의 사람들은 변화를 두려워하거나 싫어한다. 그래서 그런지 어려움을 모르고 사는 사람들은 언제나 '지금 이대로!'를 외치는데, 그것은 결국 자기 발목을 잡는 꼴이 된다. 때문에 그들은 더 발전할 수 있는 새로운 환경으로 나갈 수 없다.

언제나 그렇듯이 인생은 한자리에 머무는 것이 아니고 변화하는 세계로 나가는 것이다.

이때, 당신에게 누군가가 그 일에 대하여 꼭 성공할 것이라는 믿음을 주면 당신은 서슴없이 한 발 더 나설 것이다.

이처럼 당신은 남의 말에서 변화를 꾀하지 말고 당신의 노력과 신념으로 변화를 즐겨라. 그러면 당신은 새로운 변화에 성공할 것이다.

* *Life* 28

자기 자신보다 중요한 친구는 없다

아무리 친한 친구 사이라 할지라도 마음이 변하면 절대로 좋은 벗이 될 수 없다는 것쯤은 익히 알고 있을 것이다.

그렇다면 과연 사람에게 있어서 가장 중요한 친구는 누구일까? 바로 당신뿐이다. 그렇다고 해서 자기 자신을 훌륭한 친구로 착각하지 마라. 그러면 잘난 체 하는 사람쯤 되거나 아니면 형편없는 사람쯤 된다.

이쯤 되면, 당신 곁에 있는 친구가 진정으로 믿을 만한 사람일지도 모른다. 그 친구는 당신을 좋아하고 곤경에 빠진 당신을 구해 줄지도 모른다. 하지만 그들이 당신의 인생을 대신 살아주지는 못할 것이다.

어떤 어려운 일이 닥쳐왔을 때, 그는 당신에게 중요한 조언을 해 주거나 자기 일처럼 온몸으로 뛰어 해결에 줄 수는 있다. 하지만 그 일의 주인공은 바로 당신이며 책임도 당신이 져야 한다.

그는 당신의 기쁨과 슬픔을 같이 나눌 수는 있지만 절대로 당신만 큼 느낄 수는 없다.

따라서 당신에게 가장 최선의 친구, 가장 최고의 친구는 자신이다. 다시 말해 자신을 믿지 못한다면 당신은 허수아비에 불과한 것이다.

그러므로 당신이 원하든 원하지 않든, 자기 자신을 믿는 것만큼 중요한 친구는 없다.

*Life 29

타고난 재능을 집중적으로 개발하라

사람은 저마다 타고난 재능이 있다. 그렇기 때문에 그 분야의 우수한 재능을 찾아 개발하고 발전시키는 것이 무엇보다도 중요하다. 그러면 그것이 모든 분야에 걸쳐 골고루 빛을 발하게 된다.

어떤 사람은 남보다 판단력과 손재주가 뛰어나다. 그러한데도 불구하고 자신이 가지고 태어난 우수한 재능을 갈고 닦지 않는다. 그런 사람은 어느 한 분야도 자신이 가지고 있는 우수한 재능을 발휘하지 못한다.

그런 사람은 현실에 휩쓸려서 재능보다는 당장 눈앞에 보이는 이익만을 쫓아 젊음을 불사른다. 때문에 항상 만족보다는 불만에 찬 생각으로 황금같은 시간을 헛되이 낭비한다.

이와 같은 사실을 세월이 흐른 후 깨닫게 된다면 이미 재능도 희망도 사라진 후일 것이다.

세상에는 위대한 인물의 조건을 완벽히 갖추고 태어난 사람은 없다. 위대한 인물은 주로 자신의 근면으로 인해 이루어지는 것이다.

특별하게 능력이 없는 사람일지라도 무슨 일이든 정성을 다해 노력하면 조금씩 발전하는 기쁨을 맛볼 수 있는 것이다.

이런 발전은 시계의 시침과 같아서 한 번 움직일 때마다 한 시간씩 가지만, 아주 조금씩 앞으로 나가기 때문에 눈에 띄지 않을 뿐이다.

조슈아 레이놀즈

* *Life* 30

판단력이 좋은 사람은 품위가 높다

판단력은 지능과 마찬가지로 배워서 늘릴 수 있다. 얻고자 하는 것이 많으면 그것을 얻으려는 욕구가 강해진다. 또한 얻은 것에 대한 기쁨도 훨씬 더 커진다.

판단력이 좋은 사람은 대부분 인품이나 학문 그리고 취미에 있어서 품위가 높다.

앞날에 대한 생각과 계획 그리고 희망이 원대한 사람은 오로지 매순간 현명한 판단을 하므로써 품위를 유지한다.

높은 산이 엄숙하고도 위엄이 있듯이 높은 이상을 추구하는 사람은 품위가 있다.

높은 이상을 지닌 사람이 내리는 판단은 가장 용감한 사람이라 할지라도 몸을 낮추고, 가장 자기 주장이 강한 사람이라 할지라도 겸손해 진다.

*Life 31

상대가 먼저 말하도록 분위기를 조성하라

대부분의 사람들은 자기가 생각한 것을 끊임없이 상대에게 강요하고 설득하려는 경향이 있다.

이런 경향은 다른 사람이야 어쨌든 자기의 이익만을 추구하는 사람들 중에서 흔히 나타나는 현상이다.

만일 상대방이 자신의 말을 잘 듣게 하려면 우선 상대방이 하고 싶어하는 말을 다하도록 최상의 분위기를 조성하는 것이 우선이다.

이것은 자신이 하고자 하는 말을 자기만큼 잘 아는 사람도 없기 때문이다. 그러므로 궁금한 것을 그로 하여금 설명케 하는 것이 바람직하다.

말하는 사람과 생각이 다르다고 해서 말하는 도중에 말을 가로채는 것은 상대방을 불쾌하게 한다.

그것은 그가 주장하고 싶어하는 말이 남아 있는 한 당신의 말에 귀를 기울이지 않을 것이기 때문이다.

그럴 땐 넉넉한 마음으로 참을성 있게 귀를 기울여라. 그리고 진지한 태도를 유지해라.

*Life 32

변화의 다음 단계를 준비하라

어느 그룹(Group)이나 항상 무엇인가 새로운 것을 만들기 위해 밤낮으로 일하는 사람들이 있다. 그러나 그와 반대로 다 만들어 놓은 것을 거저먹으려는 사람들이 있다. 그런 사람이 많은 그룹일수록 부패하게 마련이다. 이것이 조직의 불신으로 이어져 결국 그룹 자체가 무너진다.

국가의 관료나 기업 등에 있어서 엘리트(Elite)의 부패는 거대한 조직의 몰락을 예고하는 것과 같다.

그러나 이것은 결코 남의 일이 아니다. 당신이 그렇게도 갈망하던 유명 그룹(Group)의 일원이 되었을 때 '나는 해냈어' 또는 '내 인생은 탄탄 대로야' 라고 만족했다면, 스스로 당신의 가슴에 손을 얹고 잘 생각해 보기 바란다.

현실적으로 변화와 개혁을 강요하는 이때, 그런 만족감에 사로잡혀 있는 당신이야말로 지속적인 경쟁력을 유지하기가 어렵다.

지금 눈앞에 펼쳐지고 있는 일들 가운데서 불리한 일 대부분은 자신도 그 가담자인 경우가 허다하다.

더군다나 주모자인 경우가 상사라면 더욱더 비난을 받기 쉽다. 하지만 그렇지 않은 사람도 공범일 수가 있다.

그렇기 때문에 자신은 아닌 체 행동을 하거나 너무 시기를 한 나머지 남을 비난만 해서도 안 된다.

그럴 여유가 있다면 늘 변화하는 상황의 다음 단계를 찾아내라. 그리고 그것을 실천하기 위한 준비가 진행될 때 무엇보다도 생산적이고 바람직하다.

경쟁 사회를 살아가려면 항상 앞서서 구체적으로 생각하고 최선의 방법을 선택할 수 밖에 없다.

미래를 위한 새로운 생각과 구체적인 행동도 없이 갑작스럽게 닥쳐오는 변화에 갈팡질팡하는 것은 그야말로 자멸을 초래하는 것과 같다.

따라서 자신이 처해 있는 현실을 직시하고 그것을 바탕으로 미래를 준비하는 것이 현명하다.

*Life 33

돈이 돈을 굴린다

돈을 많이 써보지 않은 사람들은 많은 돈을 쓰는 경영자에 대해서 언제나 부정적이다.

그러나 경영자는 이익을 얻기 위해서 쓰고 싶지 않아도 많은 돈을 써야 한다. 또한 최악의 상황에서 이익이 나지 않더라도 인건비 정도는 나와야 한다. 그렇지 않으면 적자를 면치 못하고 결국에는 빚이 누적되어 도산하고 만다.

돈이라는 것은 그냥 가지고만 있으면 줄어든다. 때문에 돈을 벌려면 투자를 해야 한다. 현재처럼 재테크가 쉽지 않은 상황에서 이것저것 씀씀이는 커진다.

즉 경영자는 돈을 벌기 위해 급급하는 것 같지만, 사실은 돈을 쓰는 방법에 대해 연구하는 것이다.

경영자는 융자와 투자를 통해서 이익을 얻는다. 이런 방법을 반복하기 때문에 돈을 쓰는 노하우(Knowhow)가 있다.

개인의 경우를 생각할 때, 이렇다 할 신용이 없으면 대출를 받을 수가 없다. 어렵게 대출을 받았다고 한들 이율도

높고 담보나 용도에 대해 이러쿵저러쿵 요구하는 서류가 많다. 그것은 대출에 있어서 큰 가치가 없기 때문이다.

그러나 경영자는 개인과 다르게 돈을 쓰면서도 생산적이므로 훨씬 더 많은 돈을 장기적으로 그것도 저리로 빌릴 수 있다. 때문에 빚이 있으면서도 많은 돈을 빌릴 수가 있는 것이다.

개인이 빌리는 돈은 소비를 위해 쓰지만 경영자가 빌리는 돈은 늘리기 위해 쓴다.

일반 사람들은 예금을 통해서 이자를 받는다. 그러나 경영자는 은행으로부터 많은 돈을 대출받아 쓰고 그것에 대한 이자를 붙여 상환한다. 그러므로 투자 가치가 있는 것이다.

결국 당신도 경영자처럼 돈 쓰는 방법과 돈의 흐름을 관심있게 살펴 이를 실천한다면, 머지않아 재산 증식에 큰 도움이 될 것이다.

*Life 34

행동이 없는 신념은 개구리밥과 같다

사람이 살아가면서 신념이 필요하다는 것쯤은 누구나 다 알고 있다. 그러나 행동이 뒤따르지 않는 신념은 죽은 것이나 마찬가지다.

신념이라는 것은 행동이라는 가시적인 움직임으로 나타나야만 비로소 그 의미를 지니게 된다.

사람들은 물질의 세계에서 생활로 존재한다. 생각과 신념이 없는 육체는 한낱 육체로 존재하는 짐승과 같다. 그러므로 우리의 생각은 생활 속의 행동으로 표현되지 않으면 아무런 가치가 없는 것이다.

때문에 아무리 좋은 신념이라도 행동이 없는 신념은 물위를 떠다니는 개구리밥과 같다.

신념은 잠재적인 에너지를 몸으로 행동케 하는 것이 무엇보다도 중요하다. 이것이 곧 성공으로 가는 길이다.

*Life 35

자존심을 함부로 버리지 마라

남 앞에 서기를 지나치게 꺼리거나 자존심을 함부로 버리지 마라. 그리고 자신의 고상하고 깨끗한 인격을 행동으로 실천하라.

실천을 함에 있어서 자신의 행동을 법보다도 더 엄격한 잣대로 다스려라.

그럴 때만이 그 실천이 정당하고 그 실천이 빛을 발하게 되는 것이다. 따라서 자존심은 우리가 가져야 할 소중한 재산과도 같은 것이다.

자존심을 버리는 사람은 의지가 약한 사람이며, 그 어느 것도 이룰 수가 없다. 또한 자기 생각도 없는 사람에 불과하다.

다시 말해 자존심이 있는 사람은 어느 경우든 이익을 따라 행동하는 것이 아니라 자신의 원칙을 가지고 법을 지키는 것이다.

그러므로 자존심이 강한 사람은 언제나 인격이 훌륭하고 떳떳하다.

* *Life* 36
일관성을 유지하라

일관성이 없는 사람들은 그때그때 흔들린다. 그들은 기분에 따라 또는 남에게 잘 보이려고 평소에도 하지 않는 짓을 고의로 한다.

그러나 일관성이 있는 사람은 줏대를 가지고 행동하므로 누구에게나 신뢰를 얻는다. 만일 그의 행동이 평소와 다르다면 분명 무엇인가 타당한 이유가 있거나 여러모로 신중히 내린 결론임에 틀림없다. 누구든 평소와 다르게 행동을 하게 되면 미움을 산다. 그리고 결국에 가서는 많은 사람들로부터 외면을 당하게 된다.

어떤 사람은 말과 행동이 날마다 다르고 의지력 또한 약하다. 그런 사람의 인생길은 순탄치 못하다. 그런 사람은 손바닥을 뒤집듯 어제는 맞다 해 놓고 오늘은 틀리다고 말을 한다. 뿐만 아니라 어제 인정한 것을 오늘은 거부한다. 이렇듯 일관성이 없다는 사실을 스스로 인정한 셈이 된다.

결국 그런 사람에겐 신뢰도 없거니와 따르는 사람도 없다.

* *Life* 37

현실적인 목표와 이상을 조화시켜라

처음 사회 생활을 시작할 때에는 자신의 능력을 과신하지 마라.

사람들은 누구라고 할 것도 없이 자기가 잘났다고 생각한다. 잘나지도 않은 사람일수록 더욱 그렇게 생각한다. 그래서 그런지 누구나 꿈 같은 행운을 꿈꾼다. 그리고 자신을 천재라고 착각한다.

흔히 사람들은 허영심에 들뜬 나머지 현실에 있어서 가능하지도 않는 거창한 결과를 꿈꾼다. 그러나 대부분의 사람들은 현실이라는 벽에 부딪쳐서 꿈을 깨게 된다.

현명한 사람은 이런 현실을 앞서 예측한다. 그는 언제나 꿈을 꾸지만 동시에 최악의 경우를 예상한다. 그것은 결과가 어떻게 나오든 담담하게 받아들이기 위해서다.

꿈은 크게 꾸는 것이 좋다. 성공도 목표를 높게 세워 추진하는 것이 좋다. 그러나 사회 생활을 시작하자마자 실패의 악몽을 꾸지 않으려면 현실적인 목표를 갖는 것이 바람직하다.

현실적으로 자신의 능력과 분수를 잘 알 때, 당신은 이상과 현실을 조화시킬 수 있다.

*Life 38

가벼운 농담은 모르는 체하라

상대방이 농담삼아 당신을 무시한다고 해도 똑같이 무시하지 마라.

당신이 무시를 당하는 처지에서 모르는 체하는 것은 진정 인내심을 보여 주는 것과 같기 때문이다.

그렇다고 해도 당신이 상대방을 농담삼아 무시하면 그는 당신에게 상처를 입힐지도 모른다.

이처럼 사람들은 하나같이 자기 중심적으로 생각하기 때문에 내가 행동하는 것은 당연하고 남이 행동하는 것은 못마땅하게 여기는 경우가 일반적이다.

어쨌든지 즐겁자고 하는 농담으로 분위기를 살리려 할 때, 그것을 참아 주면 당신은 이해심이 많은 사람으로 인정될 것이다.

그러므로 가벼운 농담 앞에서 버럭 화를 내는 것은 신중치 못한 행동이다.

또한 당신이 그것에 대응하기 위해 맞받아 치면 순식간에 분위기는 썰렁해지고 나머지 사람들은 당신을 이상한 사람쯤으로 여겨 불쾌감을 드러낼 것이다.

이처럼 황당한 일이 어디에 있겠는가, 하지만 이런 일은 흔한 일이다.

따라서 당신을 불쾌하게 할지라도 못 들은 체 그냥 참고 넘기면 된다. 이것은 어리석은 사람들의 비위를 맞추는 가장 현명하고도 확실한 방법이다.

심각한 언쟁도 가벼운 농담에서부터 시작된다. 농담만큼이나 재치와 조심성이 절실하게 요구되는 것은 없다.

그러므로 상대의 농담이 지나치지만 않는다면 가볍게 넘기는 것도 하나의 현명한 방법이다.

*Life 39

오직 프로를 꿈꿔라

공부를 많이 한 사람들은 다방면으로 유식한데, 그들은 당돌할 정도로 질문을 많이 한다.

그러나 그런 질문이 지식를 위한 욕심일 뿐, 행동과 실천으로 옮겨지지 않아 안타까울 때가 있다.

지식은 자신의 체험을 통해 소화되고 그것이 피와 살이 되어야 한다. 그러므로 실천되지 않는 지식은 쓸모가 없다.

많은 지식을 가진 사람에게 그런 지식은 비난을 받아 마땅하다.

그렇게 어정쩡한 지식은 써먹을 데도 없거나와 행동으로도 옮기지 못하기 때문에 정작 성과도 없다.

공부를 통해 얻은 정보나 지식을 현실적으로 활용하지 못한다면 그것은 죽은 것이고, 또한 발전 가능성도 없다. 그러므로 행동없는 지식은 이렇다할 가치도 없는 것이다.

정작 자신이 얻은 지식이 어정쩡한 것이 아니라 프로로써 실천할 수 있는 단계인지 아닌지는 내가 아닌 상대가 그 지식을 대체할 수 있느냐 없느냐에 달려 있다. 따라서 대체할 수 없다면 진정한 지식이다.

그러한 의미에서 볼 때, 경쟁 사회에서 프로답다는 평가받기 위해서는 절대적으로 꼭 필요한 노하우 하나쯤은 있어야 한다.

사업을 하는 사람이나 프리랜서(Free-lancer)라면 절대적인 노하우가 있고 그것을 지속적으로 갈고 닦는다.

하지만 무엇이든 할 수 있다고 생각하는 사람은 무엇 하나 행동으로 옮기는 데에는 한계가 있다. 이처럼 넓게 건성건성 수박 겉핥기식으로 아는 것은 취미에 불과하다.

예능 분야를 보자. 예능 분야는 뭔가 한 가지 분야에서 최고가 되지 않으면 안 된다.

이와 같이 남이 아닌 나만이 할 수 있는 최고의 꿈을 실현하는 것이 프로다.

프로를 꿈꾼다는 것은 돈로 말하듯이 진정 미래를 위한 보장된 행위이다.

*Life 40

피하지 못한다면 경쟁하라

출세와 성공이라는 길은 다양해도 그 하나의 목표에 도달하려면 치열한 경쟁뿐이 없다. 출세와 성공의 갈림길에 있는 젊은이라면 그 사실을 온몸으로 느낄 것이다.

인생이란 경쟁의 연속이다. 흔히 욕심도 없고 경쟁심도 없다고 입버릇처럼 이야기하는 사람조차도 남이 경쟁적으로 도전을 청하면 피할 길이 없다. 그 도전을 받아들이지 않고서는 현실을 살아가기가 힘들다.

무엇을 하든 철저하게 '너는 너' '나는 나' 라는 생각으로 산다고 해도 결코 자신의 생각일 뿐, 그 순간에 또 다른 사람과 맞서 경쟁해야 한다. 피할 수 없는 경쟁이라면 경쟁에 이기는 방법을 찾아내야 한다. 그것이 사는 법이다. 어떤 사람은 '부모를 잘못 만났다' 는 둥, '경쟁이 치열하다' 는 둥, 매사를 환경의 탓으로 돌려 책임을 회피하려 한다. 그것은 누워서 자기 얼굴에 침을 뱉는 꼴이다.

아무리 환경이 나쁘다고 치더라도 성공할 사람은 성공한다.

그러므로 인생에 있어서의 경쟁은 마라톤과 같다. 20대 후반에 선두를 달린다고 해서 반드시 승리하는 것은 아니다. 다만 출발이 좋다는 것뿐이다. 그런 사람일수록 고난이 닥치면 곧 페이스(Pace)를 잃게 되고 끝내는 중도에서 포기하게 된다.

경쟁을 극복하는 힘은 혈기가 넘치는 20대 후반에 만들어진다. 혹 실패를 하더라도 30대 초반에 만회하면 그만이다. 40대는 어느 정도 자리가 잡힌 상태이므로 경쟁이 꽤나 힘들다. 그러고 보면 경쟁의 성패는 30대 초반에 결정됨을 명심해야 한다.

*인생은 마라톤과 같다. 20대 후반에 선두를 달린다고 해서 반드시 승리하는 것은 아니다.

*Life 41

현실을 극복하라

현재의 자리가 힘들다고 생각한 나머지 그 일자리를 집어치우고 싶다는 사람들이 대부분이다. 그토록 힘들지만 지속적으로 적응해야 하는 속성 때문에 노력한다. 이것이 우리로서는 보탬이 되면 되었지 마이너스는 안 된다.

오히려 경계해야 할 것은 그럭저럭 지내는 자리다. 그렇게 놀면서도 어떻게 그 많은 돈을 받을 수 있을까 할 정도의 의심스러운 자리라면 가치도 없고 희망도 없는 것이다. 하지만 그런 자리라면 마음먹기에 따라 좋은 기회를 만들 수도 있다. 그런데도 불구하고 어영부영 시간만 때우는 사람들이 있다.

편한 일자리를 희망이 없다고 생각하는 것은 잘못이다. 이 기회에 일을 찾아 자기를 개발하면 어디라도 갈 수 있다. 그 반대는 절망이다.

그것은 편한 것 같으면서도 편하지 않은 것이며, 좋은 일자리 같으면서도 좋은 일자리가 아니다. 그것은 비전(Vision)이 없는 절망이다.

일이 지겹다거나 즐겁다거나 하는 것은 상대적이다. 당신과 똑같은 일을 항상 즐겁게 하는 사람도 있다.

그 가운데는 그저 아부하는 사람쯤으로 여겨지는 경우가 있다. 그러나 아부도 기술이며 특기다. 아부도 자기가 싫으면 못하는 법이다. 하지만 거기에는 그 나름대로의 고생과 정성이 따른다.

아부를 할지도 모르면서 아부를 비판하는 것은 잘못이다. 당신은 그들 이상으로 마음 고생을 하고 있지는 않은가? 또한 불평 불만을 늘어놓고 있지는 않은가?

하지만 그들은 현실을 잘 이해하고 자기가 해야할 일을 잘 알아서 실천하고 있기 때문에 생존하는 것이다.

어떤 일이든 스스로 일을 찾아서 하면 자기 나름대로 생존하기 마련이다.

그러나 그저 힘든 일자리나 쉬운 일자리나 꾀를 부린다면 결코 현실은 당신을 받아 주지 않을 것이다. 또한 그런 사람은 아부할 능력조차도 없는 사람이다.

*Life 42

호감가는 사람이 되라

호감을 산다는 것은 많은 사람들과 교감을 쉽게 나눌 수 있다는 것이다.

그 중에서도 윗사람의 호감을 산다면 다른 사람들은 당신을 좋게 평할 것이다.

개중에는 자기 실력만을 지나치게 믿는 나머지 다른 사람의 호감을 무시한다. 그런 사람은 모든 사람들에게 비호감을 줄 뿐더러 협조를 구하지도 못한다.

그러나 호감을 사는 사람은 다른 사람의 호감을 얻어 자기가 원하는 일을 순조롭게 진행한다.

호감을 사게 되면 모든 일이 순탄해진다. 그리고 모든 일에 있어서 물심양면으로 도움을 받게 된다. 또한 다방면으로 인정을 받게 되어 지혜를 제공받는다.

호감을 사는 이유는 지리적인 여건과 문화, 관습 및 풍습, 지식과 좋은 평판 등 서로에게 있어 공감대가 형성되었기 때문이다.

호감을 사기란 어렵다. 그러나 사고 나면 오래간다. 그러므로 호감을 사기 위해 노력해야 한다. 그리고 반드시 활용해야 한다. 현실은 실력만으로 되는 것이 아니다. 이때 호감은 윤활유와 같아서 당신을 더욱 빛나게 할 것이다.

*Life 43

남을 함부로 의심하지 마라

지혜로운 사람은 오랜 시간을 사귄 뒤에야 비로소 자신의 마음을 연다.

경쟁적으로 살아가는 현실에 있어서 남을 의심하는 일은 다반사다. 그러나 가능한 한 남을 쉽게 의심하지 마라.

가령 어떤 사람이 당신에게 과분한 친절을 베풀었다고 치자. 이때 그의 진심이 믿기 어렵다 하더라도 그것을 드러내어 내색할 필요는 없다.

그런 친절에 의심을 품는다는 것은 무례할 뿐만 아니라 목욕감을 준다.

당신이 그의 친절에 의심을 드러낸다면 그는 당신에게 정보를 제공하기는 커녕 당신을 의심 많은 사람으로 여겨 헛소문을 낼 것이 분명하다.

의심이 많은 사람은 남을 믿지 않는다. 남들도 그를 믿지 않는다. 그것은 내가 의심을 하는 것처럼 남도 의심을 하는 것으로 믿기 때문이다.

남에게 어떤 말을 들었을 때에는 그 말을 있는 그대로 듣기 보다는 시간을 두고 넌지시 관심을 갖는 것이 현명하다.

그러면 말을 한 사람은 그 말의 출처를 좀 더 구체적으로 말해 줄 수 있기 때문이 아닐까?

의심은 말뿐만 아니라 행동을 통해서도 나타난다. 그런데 행동은 불신을 조장하게 되므로 신중해야 한다.

*Life 44

끊임없이 새로운 방법으로 도전하라

끊임없이 새로운 방법으로 도전한다는 것은 그리 쉬운 일이 아니다.

가령 어떤 일을 하는 데에 있어서 시간이 흐르면 자기 자신도 모르게 타성에 젖고 만다.

누구든 처음 일을 시작할 때에는 희망과 의욕이 넘치겠지만 끝내는 용두사미꼴이 된다.

그처럼 주변 사람들이 타성에 젖어 의욕을 잃고 또 다른 일에 기웃기웃 눈치를 볼 때, 아랑곳하지 않고 초지 일관 하나의 목표를 향해 새로운 방법으로 일을 하는 사람들이 있다. 그런 사람들은 반드시 소속되어 있는 그룹에서 그 가치를 인정받게 된다.

어떤 그룹이든 열심히 일을 하는 사람이 한 명이라도 있으면 그로 인해 열심히 일을 할 것이다. 또한 그 자체가 다른 사람들에게도 어느 정도는 자극제가 될 것이다. 그러나 타성에 젖어 있는 그룹은 어제나 그 주변도 타성에 젖어 활력을 잃게 된다.

항상 새로운 방법이란 주변에 있는 것이지 그 방법을 누가 가르쳐 주는 것도 아니다.

가령 일에 있어서 능률이 오르지 않는다고 치자. 그럴 경우 분위기 전환을 위해 사소한 주변부터 정리 정돈을 한다. 그러고도 능률이 오르지 않는다면 자기의 잘못된 습관을 고쳐 나가는 것이 무엇보다 중요하다. 또한 일의 순서에 있어서 먼저 해야 할 일과 나중에 해야 할 일을 잘 살펴봐야 한다. 누구든 타성에 젖으면 지금까지 해온 일이 별로 문제가 없는 것으로 생각한다. 이때 자신의 일에 관련된 공부를 게을리 하지 않는 것도 새로운 방법을 찾는 길이 된다.

물론 틈틈이 주변 사람들과 어울려 배우는 것도 한 가지 방법이다.

살아가면서 느끼는 건데, 자신의 일에만 푹 빠져 있는 사람은 그다지 우수한 사람이 못된다. 자신의 일을 하더라도 남의 일에 관심을 가지고 그들과 어울려 일을 하는 사람이 더 우수하다. 오직 자기 일뿐이 모르는 사람보다는 다른 사람의 일처리 방법과 언행을 통해서 새로운 것을 찾는 것이 자신을 발전케 하는 것이다. 또한 큰뜻을 이루게 하는 원동력이 된다.

행복의 문을 열어주는

내 안의 인생

Life

Part 3

배려의 마음

*Life 1

상대의 실수를 공유하라

어떤 사람이 당신의 생각이 틀렸다고 말을 한다면 당신은 어떻게 하겠는가?

아마 이럴 수도 있다. '내 생각이 틀릴 수도 있습니다. 가끔 이런 경우가 있는데, 내 생각이 틀렸다면 고치겠습니다. 하지만 우리 한 번 이 문제를 논의해 봅시다.'

무엇보다도 이렇게 당신의 마음을 정하는 것이 좋은 방법이다. 그러면 이런 부탁을 거절할 사람은 없다.

당신이 잘못된 점을 상대에게 시인한다면 절대로 말썽이 생기지 않는다. 또한 이런 방법은 모든 언쟁을 피할 수가 있다. 그리고 상대도 당신과 마찬가지로 넓은 마음이 생겨서 결국에는 자신이 옳은 것만이 아니라는 것을 자연스럽게 시인할 것이다. 동시에 공감을 표할 것이다.

평상시 상대의 잘못을 지적하는 행위가 결코 이롭지 않다는 것쯤은 익히 알고 있다. 그러나 이런 지혜를 앞세우지 않는 한 당신은 일뿐만 아니라 인생 전반에 걸쳐서 곤란을 겪게 될 것이다.

*Life 2

관용은 성공을 빛나게 한다

관용을 포함하지 않는 성공이란 있을 수 없다. 그 사람이 정말로 성공한 사람이냐 하는 것은 지속적인 관용을 가질 수 있느냐 하는 것이다.

많은 돈을 벌고, 회사를 키우고, 승진을 했다고 해서 성공한 것은 아니다.

성공했다고 말하기 위해서는 눈에 보이는 성취도 중요하겠지만 마음속 깊이 관용이 있어야 한다. 다시 말해 관용이 없는 성공은 진정한 성공이 아니기 때문이다.

성공한 사람들의 공통점은 대부분 상대에게 관용을 베푼다.

관용을 베풀지 않는 성공은 이웃과 사회로부터 지탄을 받게 되고 결국은 자신의 명예에 오점을 남길 뿐이다.

**Life* 3

솔선수범하는 사람이 되라

사람이 살면서 가장 실수하기 쉬운 일은 어떤 것일까? 그것은 내가 좋은 일을 하지 않아도 누군가가 좋은 일을 한다고 생각하는 것이다. 그와 같은 생각은 아주 이기적인 생각이며 냉혈적인 생각이다. 이런 생각은 사회의 악이다. 그렇기 때문에 스스로 참여하지 않는 한 결코 사회가 제대로 돌아갈 수 없다.

행복한 가족 관계, 나은 사회 발전, 잘 나가는 국가를 누구든 희망한다. 이 희망을 이루기 위해서는 어떻게 해야 하는가? 이것에 대해 생각만으로 그친다면 무슨 의미가 있겠는가. 무엇이 좋으며 무엇이 나쁜가를 판단했다 한들 무슨 의미가 있겠는가. 내가 아닌 남이 해 주기를 호소하는 것 또한 무슨 의미가 있겠는가.

그런 사람치고 내가 아닌 남의 일에 대해서는 매우 민감하다. 자기 친구라든가, 혹은 자기 동료라든가, 이해 관계가 있는 사람들에게는 아주 엄격한 잣대를 드리댄다. 그러나 그 잣대를 정작 자신에게는 드리대지 않는다. 그런 사람은 좋은 일은 내가 하는 것이 아니라 남이 하는 것쯤으로 굳게 믿고 싶어한다.

*Life 4

겸손은 어둠을 밝히는 등불

겸손한 사람은 대부분이 꾸밈이 없다. 그는 주변 사람들이나 경쟁 관계에 있는 사람들을 비웃지 않는다. 또한 잘난 척을 하거나 자기의 힘을 과시하지도 않는다. 그는 정성을 다해 주변 사람들에게 모범을 보인다. 그는 미소를 띄우며 주변을 도와 주고 항상 고맙다는 말을 마음속에 새긴다. 겸손한 사람은 자신을 드러내지 않는다. 그리고 함부로 지혜를 꺼내려 들지 않는다. 그렇기 때문에 대부분 겸손한 사람은 허영심을 갖지 않는다.

겸손한 사람이 명성을 얻게 되면 시기하는 사람들이 많아진다. 그러나 그는 그들을 용서하고 더 신중하게 대처한다.

겸손한 사람은 자기의 것을 베풀려고 한다. 무엇인가 물어 오면 성의를 다해 알려 주려 한다. 남을 칭찬하고 배려하므로써 자신의 존재를 나타낸다. 또한 자신은 평범한 사람으로 그들에게 다가서려 한다.

겸손한 사람의 공통점은 진실성과 호의 그리고 배려라는 성격적 특성이 있다.

그러므로 겸손한 사람은 어둠을 비추는 등불과 같다.

*Life 5

일방적인 수다는 상대를 피곤하게 한다

우선 말을 유창하게 잘한다는 것은 좋다. 그러나 혼자만 수다를 떠는 것은 좋지 않다. 만일 오랜 시간 혼자서 수다를 늘어놓게 되면 듣고 있는 사람은 짜증이 나게 마련이다. 그러므로 그들이 즐겁게 들을 수 있도록 노력해야 한다. 그것도 가능한 경우 짧게 하는 것이 바람직하다.

본래 대화라고 하는 것은 혼자만 하는 것이 아니다. 더군다나 각각 자기의 몫이 있을 경우 그것만 하면 된다. 이따금 자기만 계속해서 수다를 떠는 사람이 있다. 그런 사람은 안타깝게도 그 자리에 있는 누군가를 붙잡는다. 그것도 대개는 말이 별로 없는 사람이나 우연히 옆자리에 앉아 있는 사람이다. 그는 속삭이듯 끝없이 말을 이어 간다. 하지만 이것은 예의에 어긋나는 짓이다.

어쨌든 대화는 혼자서 하는 것이 아니라 상호간에 만들어 가는 것이다. 행여 수다쟁이에게 붙잡혔을 경우, 그것을 참을 수밖에 없는 상대라면 어쩔 도리가 없다. 주의를 기울이는 듯 끝까지 참아야 한다. 말하는 도중에 등을 돌리거나 아주 짜증스런 표정을 짓는다면, 그런 사람은 오히려 당신을 예의가 없는 것쯤으로 생각한다.

*Life 6

상대를 배려한 대화

사람이 대화를 하려면 어느 정도는 요령이 필요하다. 더군다나 상대방에게 귀를 기울이게 한다는 것은 더더욱 그렇다.

그것은 친한 사람과의 관계에서 이루어지는 대화와는 약간 다르다. 일상적인 대화에 있어서 딱히 요령은 없다. 상대하는 사람도 다르고 현재의 분위기도 천차만별이기 때문에 일상적인 대화에서의 틀이란 정해진 것이 없다고 해도 과언은 아니다.

그러므로 당신이 열심히 이야기를 하고 상대가 진지하게 경청하면 그것으로 이야기는 통할 것이다.

세상에는 언변이 좋은 사람과 그렇지 못한 사람으로 구분된다. 언변이 좋은 사람은 대부분 여러모로 이득을 본다. 그러나 그것도 어디까지나 정도의 문제이지 꼭 그런 것만은 아니다. 오히려 언변이 너무 좋으면 신뢰성이 떨어진다.

먼저 상대방과 대화를 할 때에는 대화의 수준을 맞춰야 한다. 그렇지 않으면 남을 위한 배려가 부족한 것이다. 이런 상태에서는 자신의 생각을 제대로 말할 수가 없다.

대화란 것은 어디까지나 대등한 입장에서 출발해야 한다. 그 기본조차 모르게 되면 그것은 일방적인 설교에 불과하다.

누구든 말을 하는 과정에서 실수할 작정으로 말을 하는 사람은 없다. 그 나름대로의 이유가 있을 것이다. 그 이유에 대해 알려 주면 상대는 고맙게 생각할 것이다. 그리고 그런 실수를 두 번 다시 않을 것이다.

대화를 하는 과정에서 상대가 이야기하고 있을 때, 당신의 시선이 엉뚱한 곳을 향했다고 치자. 그러면 상대는 자기의 말을 경청하지 않았다는 생각에 불안감과 불쾌감을 떨치지 못할 것이다.

그렇게 되면 상대는 마음을 닫고 속내를 드러내지 않을 뿐더러, 진정한 대화는 고사하고 기본적인 인간 관계마저도 무너질 것이 뻔하다.

따라서 대화를 할 때에는 얼굴을 중심으로 보는 것이 예의다. 또한 부드러운 미소와 상냥한 표정이 기본이다.

* *Life* 7

남녀란 부족함을 함께 채우는 1:1 관계이다

남녀는 서로의 모자람을 보완하는 관계이지 평등한 관계는 아니다.

오늘날 우리 가정은 남녀 평등에 있어 많은 갈등을 초래하고 있다. 이것은 맡은 바 책임을 서로가 떠넘기기 때문이다. 남자가 경제 활동을 하거나 아니면 여자가 경제 활동을 할 때, 두 사람 중 한 사람이 가사 활동을 해야 한다. 그런데도 남성이나 여성이나 가사 활동을 서로 미룬다.

대부분의 여성들은 전업 주부임에도 불구하고 가사 활동은 여자의 전유물인가라는 비판을 하는데, 이것은 여성들이 상호간의 직분을 모르는 까닭이다. 그렇다고 남자라는 이유 하나만으로 가사 활동을 여성의 것으로 미루면 이 또한 불행의 시작이다.

가정적인 측면에서 보면 분명 남녀 중 한 사람은 경제 활동을 하고 한 사람은 가사 활동을 해야 한다. 이것도 저것도 불만이라면 양쪽 모두 경제 활동과 가사 분담을 똑같이 하면 된다.

이처럼 남녀간의 일이란 누구의 일이 아니라 서로의 일로, 함께 노력하는 평등이 유지되어야 한다. 아마 이것이 행복의 출발점이 아닐까?

*Life 8
잘난 척하지 마라

종종 사람들은 자신이 잘난 것처럼 착각을 하는데, 이것이 때로는 도움이 될 때가 있다. 그러나 정작 잘난 사람이 잘난 척을 하는 것은 천박함의 극치이다. 또한 남들이 나를 멀리하게 되는 빌미가 된다.

결국 이것이 자기의 고민거리로 다가와 자기를 의식하게 되고 자신을 힘들게 하는 것이다.

이런 사람은 아무리 재능이 있다 해도 대부분은 동료들로부터 외면을 당하게 된다. 그렇기 때문에 재능이 많으면 많을 수록 그것을 드러내기 보다는 자연스럽게 보여 주는 것이 바람직하다.

*Life 9

하나를 버려야 둘을 얻을 수 있다

사람들은 하나를 얻기 위해 둘을 버리는 데도 별생각이 없다. 사람이 원숭이와 다른 점은 조삼모사(장자의 우화로, 원숭이를 기르는 사람이 원숭이에게 상수리를 주되 아침에 세 개 저녁에 네 개씩을 주겠다고 하니 원숭이들이 화를 내므로, 말을 바꾸어 아침에 네 개 저녁에 세 개를 준다고 하니 좋아하더라는 이야기에서 유래.)의 맹점을 직관한다는 점이다.

조삼모사란 당장 눈앞에 보이는 차이만 알고 결국 결과가 같은 것을 모르는 비유의 말이다. 그럼에도 불구하고 본래의 기득권을 지키기 위해 그것을 내놓지 않고 어떤 하나에 매달린다면 돈뿐만이 아니라 그 이상을 잃는다. 이와 같은 현상은 생각이 단순하고 미련하기 때문이다.

요즘처럼 급변하는 사회 환경에 적응하려면 하나를 주고 둘을 얻는 지혜로움이 필요하다.

여기서 하나를 버리는 것은 씨앗을 뿌리는 것이고, 둘을 얻는 것은 수확을 하는 것과 같은 이치이다.

*Life 10

불평은 상대에게 모욕이 될 수 있다

불평은 자기의 신뢰를 무너뜨릴 뿐이다. 그러므로 불평은 절대 금물이다. 남들의 동정을 구하기 위해 불평을 늘어놓기 보다는 그들의 언행에 대해 당당히 맞서는 것이 중요하다.

불평을 듣는 사람 역시 불평을 하는 사람 편에 서는 것이 아니라 불평의 대상이 된 사람 편에 서서 행동할지도 모른다. 또한 불평을 토로하면 그들에게 모욕당할 빌미를 제공하는 것과 같다. 불평은 불평을 낳는 법이다. 한 가지 불평은 듣는 사람만큼의 수가 기하 급수적으로 늘어 결국은 사방에 적을 두는 꼴이 된다.

이런 경우 남들의 도움이나 충고를 얻기는 커녕 오히려 무관심이나 경멸만 있을 뿐이다. 차라리 한 사람이 베푼 호의에 대해 답례의 표시로 그 사람의 칭찬을 아낌없이 다른 사람에게 전해 줘라. 그러면 그 사람은 그것을 본받아 여러 사람에게 전하게 된다.

결국 그 칭찬은 나의 고마움으로 돌아오게 되고, 또한 자신은 한층 더 현명한 사람이 될 것이 분명하다.

그와 같은 식으로 우리는 한 사람에게 얻은 믿음을 다른 사람에 판다.

현명한 사람은 자신의 불평을 다른 사람에게 절대로 말하지 않는다. 또한 남의 단점도 말하지 않는다. 그들은 오히려 관계를 지속적으로 유지하고, 적이 되는 사람에게는 자신의 장점들만 알려 입을 다물이게 한다.

*Life 11

격한 감정은 피해 가라

사람은 누구나 순간적으로 감정이 폭발할 수 있다.

그때 거들거나 말리기 보다는 내버려두는 것이 최선이다. 또한 그 주변을 벗어나 감정이 식기를 기다리는 것도 지혜로운 방법 중의 하나이다.

그것을 중재하기 위해 앞으로 나선다면 오히려 사태를 더 욱더 악화시키는 꼴이 된다.

그런 경우는 그 상황에 맡겨라. 때로는 참견하지 않는 것이 한층 더 분란을 가라앉게 한다.

사납고 천박한 사람들이 일으킨 격한 감정의 소용돌이는 잠깐 가라앉을 때까지 기다리는 것이 좋다. 지금 당장은 불편하겠지만 그것이 나중에는 편하다.

웅덩이에 고인 물은 조금만 휘저어도 흙탕물이 된다. 그러나 그것에 손을 댄다고 해서 맑아지는 것은 아니다. 그냥 내버려두면 저절로 맑아진다.

이처럼 감정이 격화될 때 옆에서 거드는 것보다는 그런 상태가 가라앉을 때까지 내버려두는 것이 현명하다. 그러면 결국 스스로 진정된다.

*Life 12

지나치게 주는 것은 부담이 된다

상대에게 무엇인가를 줄 때에는 갚을 수 있는 능력의 범위 안에서 주는 것이 서로를 편하게 하는 것이다. 그렇기 때문에 그 이상 주는 것은 삼가 하라. 지나칠 정도로 많이 주게 되면 이것은 상대에게 도움을 주는 것이 아니라 부담을 안겨 주는 것과 같다. 상대에게 답례를 바라거나 보답을 너무 채촉하지 마라. 상대가 갚을 능력이 없다고 판단이 설 경우에는 당신과 만나는 것이 부담스러워 연락마저도 끊어 버릴 수 있다.

지나치게 주는 것은 상대에게 과도한 짐이 되어 결국에는 우호 관계마저 잃게 된다. 또한 당신에게 은혜를 완전히 갚을 수 없기 때문에 그는 영원한 채무자로 남기 보다는 차라리 멀어지는 길을 택하게 되고 끝내는 당신을 피하게 된다.

그러므로 진정 준다는 말은 상대에게 별로 주지 않았는데도 매우 고맙게 느끼는 것이다. 또한 한층 더 보답하고 싶어하는 마음을 갖게 하는 것이다.

* *Life* 13

윗사람을 존경하라

윗사람을 존경하라. 성공하지 못한 사람들의 대부분은 윗사람을 존경하지 않는다.

윗사람에게도 분명 인간적인 결함이나 결점도 있을 것이다. 그러나 그렇지 않은 면도 있다. 윗사람이라는 것은 그 사람을 유능한 사람으로 인정한 또 다른 사람이 있다는 것이다.

매사에 윗사람을 무능한 사람으로 찍어 무조건 당신이 무시한다면, 그 단체 그 조직 내에서는 결코 성공할 수 없다. 이럴 경우 윗사람에 대해서 유능한 점과 무능한 점을 냉정히 따져 보라. 역시 나보다 유능한 점이 많다고 생각이 들면 당신의 성공은 더욱더 기대하기 어렵다.

나보다 못한 사람이 위에 있다고 생각한다면 당신의 불만은 커질 것이다. 그것을 눈치챈 윗사람은 결코 당신을 좋게 볼 리가 없다. 또한 만날 때마다 짜증을 내는 일이 많아질 것이다. 이처럼 서로가 불편한 관계에서 어떻게 성공할 수 있겠는가.

따라서 당신이 보기에 별 볼일 없다고 생각이 드는 윗사람이라 해도, 실제로 지금까지 당신 이상의 실적을 쌓은 결과 그 위치에 있다는 것을 간과해서는 안 된다. 또한 그 실적과 유능함에 대하여 우선 인정하고 존경하는 마음을 가져야 한다.

일단 윗사람은 어떤 경우든 나의 스승으로 삼고, 내게 부족한 점이 있다면 성실히 배우는 자세가 필요하다.

사람의 속성은 비록 낮은 자리에 있어도 높은 자리에 있는 사람을 본능적으로 비판하려 한다. 이는 아랫사람인 당신이 윗사람을 비판하는 것과 마찬가지다. 하지만 이것만은 꼭 명심해야 한다. 윗사람은 당신을 비판하는 것이 아니라 심판하는 것이다.

당신은 앞으로 단체를 이끌 위대한 사람일지도 모른다. 또한 당신의 윗사람은 지금 그 자리가 마지막 자리일지도 모른다.

그러므로 당신의 윗사람이 당신의 결점을 끄집어낸다 한들 결코 잘못된 것은 아니다. 이처럼 윗사람이 당신보다 못한 사람이라 할지라도 당신의 결점을 끄집어내는 것쯤은 식은죽 먹기다.

만일 당신이 존경도 하지 않는 윗사람에게 여러 가지 일로 꾸중을 들었다고 치자. 그렇다고 해서 그것을 기분 나쁘게 생각하지 마라. 그도 당신처럼 비판하는 것이므로 고쳐야 할 점이 무엇인가를 차분히 생각해야 한다.

어쨌든 단체나 조직이나 간에 윗사람을 존경하지 못하는 사람은 위로 올라가지도 성공하지도 못한다.

자신을 낮춘다는 것은 자신의 의사를 굽히는 것이다. 또한 상대의 인격과 의사를 존중하는 태도이다. 이와 같은 사람은 능히 높은 지위에서 많은 부하들을 거느릴 수 있다.

그러나 이와 반대로 무조건 상대의 인격이나 의사를 무시하므로써 쾌감을 느끼는 사람은 언제고 강적을 만날 뿐만 아니라, 이런 태도로는 결코 성공하지 못한다.

결국 남에게 겸손하면서도 사양할 줄 아는 사람만이 인생에서 승리한다.

명심보감

*Life 14

남의 업적을 가로채지 마라

동료들 가운데는 자신이 전혀 참여하지도 않은 일에 대해 그 업적을 가로채려 한다. 아주 자연스럽게 모든 사람들을 속이려고 한다.

업적에 따라 이리 붙다 저리 붙다 하는 이들은 간과 쓸개도 없는 행동으로 결국 다른 사람들에게 큰 웃음거리가 된다. 분수에 넘치는 행동은 언제나 못마땅한 것이지만, 그와 같은 행동은 아주 비열한 것이다. 명예를 쫓는 이들은 교활한 여우와 같이 자기의 노력보다는 부스러기를 찾아 주변을 기웃거린다.

실제로 업적이 많다면 당신은 업적에 연연할 필요가 없다. 당신은 오르지 일 자체의 성공에 대해서만 만족하고, 업적을 자랑하는 짓거리는 다른 사람에게 맡기는 것이 현명하다. 당신의 업적을 주위로 돌리면 그 업적은 분명 자신에게 돌아온다. 그렇다고 해서 돌아온 것을 다시 남에게 돌리지 말고 겸손하게 받아들여라.

*Life 15

남의 가치를 인정하라

사람이 동물과 다른 점은 남에게서 무엇인가를 배운다는 사실이다. 하지만 다방면으로 완벽한 사람은 아무도 없다. 그렇기 때문에 사람은 부족한 존재이다.

다른 사람의 장점을 배우고 단점을 개선하려는 마음 자세가 자신에게는 나름대로의 유용한 지식이 된다.

지혜로운 사람은 모든 사람의 가치를 긍정적으로 바라보고 인정한다. 또한 각 개인이 지니고 있는 장점을 볼 뿐만 아니라, 그 장점의 가치가 얼마나 소중한가를 잘 알고 있다.

그러나 어리석은 사람은 다른 사람의 가치를 인정하기는 커녕 무시하는 일에 시간을 허비하고 그것에 만족을 느낀다.

*Life 16
서로가 서로를 신뢰하는 경청

대화란 사람과 사람을 이여주는 매우 중요한 구실을 한다. 그런데도 대화와 말을 혼동하는 사람들이 많다. 대화에는 반드시 이야기하는 사람과 듣는 사람이 있어야만 비로소 성립된다. 이때 이야기하는 사람보다도 듣는 사람 쪽이 더 중요하다. 그러나 대부분의 사람들은 남의 이야기를 경청하려 들지 않는다. 그 원인은 무엇보다도 이기적인 성향과 바쁜 생활 때문이다. 항상 정신이 없을 정도로 바쁘게 살다 보니 남의 이야기를 경청하고 요모조모 따져 생각할 마음의 여유조차도 없다. 또한 이기적인 마음이 조급증으로 다가와 성급해지기 때문에 남의 이야기를 경청한다는 자체가 귀찮아지는 것이다.

요즘 입버릇처럼 첫마디를 꺼내기도 전에 '안 되겠습니다.' '틀렸습니다.' 라는 말로 황당하게 상대를 부정해 버린다. 이런 식이라면 서로에게 있어 마음을 통할 일 따위는 없다.

사회 생활이 바쁜 것은 사실이다. 바쁜 생활은 그 사람의 사회적 평가와 깊은 관련이 있다고 해도 지나친 말은 아니다.

바쁜 사람에게만 많은 일이 주어진다. 일이 없는 사람에게도 일이 돌아갈 법한데 현실은 그렇지 못하다.

설령 아무리 바쁘다 치더라도 남의 이야기가 안 들릴 턱이 없다. 오히려 바쁜 사람일수록 남이 하는 이야기를 경청할 필요가 있다.

일반적으로 지혜롭고 훌륭한 사람들은 대부분 경청을 잘한다. 진정 남의 이야기를 경청할 틈이 없을 만큼 바쁘다면, 그런 사람은 시간을 쓸 줄 모르는 사람이거나 아예 처음부터 경청할 의지가 없는 사람이다. 그런 사람의 주변으로는 누구라도 모일 턱이 없다. 그러나 그와 반대로 자기 이야기를 경청해 주는 사람에게는 많은 사람이 몰린다.

그토록 사람들은 인간적인 대화를 원한다.

*Life 17

한 번 뱉은 말은 주어 담을 수가 없다

적대 관계에 있는 사람과는 말을 조심해서 하는 것이 분란을 막는 지름길이다.

동료들과 자유 분방하게 말을 하고 있을 때에도 너무 많은 말을 하는 것보다는 체면을 차리는 차원에서 분위기만 맞추면 된다.

누구든 말할 기회는 많다. 그러나 활시위를 떠난 화살과 같이 뱉은 말은 주어 담을 기회가 없다.

아무리 사과를 하고 반성을 한다고 한들, 한 번 뱉은 말은 고스란이 상대에게 상처를 남기고 그것도 못자라 주변 사람들을 혼란케 만든다. 또한 그들에게 불신을 안겨 준다. 때문에 그런 사람은 어느 곳을 가든 환영을 받기가 어렵다.

그러므로 항시 말은 보석을 다루듯이 해야 하고, 어떤 사소한 일에 관해서 말을 할 때에도 관중 앞에서 말을 하는 것과 같이 꼭 필요한 말만을 골라 해야 한다.

*Life 18

거절은 사려 깊게 하라

어떤 상황이든 요구하는 일들을 전부 들어주면 안 된다. 이렇듯 거절도 수락을 하는 것만큼이나 중요하다.

특히 공직자에게는 거절이나 수락은 똑같이 중요한 것이다.

사람의 마음을 움직이는 것은 거절하는 방법에 달려 있다. 사람들은 거절을 어떻게 하느냐에 따라 수락보다도 더 큰 호감을 얻는다.

그러므로 지혜롭게 양해를 구하는 거절이 백 번 성의 없게 수락을 하는 것보다 낫다.

부탁을 들어주는 입장에서 어떤 사람은 늘 입만 열면 거절을 밥 먹듯이 해서 반감을 산다. 그런 사람은 만나 보기도 전에 일단 거절부터 한다.

그러나 자신의 득과 실을 따져서 결국 수락하는 경우가 생기는데, 상대는 처음부터 거절을 당했으므로 불쾌감을 떨칠 수 없는 것이다.

행여 수락을 했다 치더라도 상대는 별 고마움을 느끼지

못한다.

거절할 때에는 딱 잘라서 거절할 필요가 없다.

지금 당장보다는 시간을 두고 상대방이 거절에 대한 불가피함을 느끼게 하라.

또한 절대로 안 된다는 식의 거절은 경계하라. 그렇게 하지 않으면 상대는 두 번 다시 당신을 보기 싫어 할 것이다.

그러므로 매사에 거절을 할 때에도 거부감을 갖지 않도록 친절하면서도 따뜻한 한마디가 중요하다.

누구든 상대의 요구를 수락하거나 거절하는 것은 순간적이므로 사려 깊게 결정하는 것이 바람직하다.

*Life 19

설득의 미학

설득을 하려는 것은 둘의 관계에 있어서 불균형 상태를 의미한다.

상대가 부정적인 생각으로 거부를 한다면, 상대를 이해하지 않고서는 설득이 불가능하다.

설득이란 강요를 하거나, 협박을 하거나, 회유를 하는 것이 아니다. 스스로 납득할 수 있도록 만드는 것이다.

그러므로 상대가 현재 놓여 있는 상황과 심리적인 상태를 고려하는 것이 좋다.

또한 대화에 있어서 예상되는 장애적인 요인을 파악한 후, 자연스럽게 접근하는 것이 현명하다.

그렇다고 해도 설득에 앞서 상대가 원하는 것을 이해하고 받아들일 수 있는가를 검토하는 것이 우선이다.

아무튼 설득에 앞서 상대는 내가 아니라는 것을 반드시 명심해야 할 것이다.

*Life 20

인내는 평화를 부른다

아는 것이 많아지면 어리석음을 깔보고 업신여긴다. 왜냐하면 인내심이 그만큼 줄어들기 때문이다. 아는 것이 많은 사람은 어리석은 사람을 무시하려는 마음이 생겨 당장이라도 잘난 척하고 싶어한다. 그래서 그는 언제나 참을성이 적어진다. 사람이 살아가는 동안 서로의 이해를 통해 양보를 하고, 분쟁이 발생했을 경우에는 손해를 보는 느낌이 들더라도 한 발짝 뒤로 물러서야 한다. 그래야만 인내심이 생기는 것이다. 만약 그러지 않을 경우 동물적인 충동이 생겨 인내심을 약하게 한다. 그러므로 사물을 마주 대할 때는 인내심을 가지는 것이 중요하다. 이것은 모든 지혜 중 절반을 차지하기 때문이다.

사는 동안은 동료나 윗사람의 어리석음을 보고 참아야 할 때가 많다. 정말 이 경우 비위가 상하지만 이때야 말로 인내심을 기르는 좋은 기회이다. 인내는 분란을 막고 평화를 부른다. 인내는 무엇보다 고귀하고 · 아름답고 · 행복한 것이다.

*Life 21
상대방의 취향에 관심을 가져라

사람들이란 아무리 비싼 것을 주더라도 자기가 싫어하는 것을 받게 되면 아마도 기뻐하기 보다는 불쾌감을 가질 것이다.

이것은 서로 다른 취향을 고려하지 않은 것으로 상대를 즐겁게 해 주려다 오히려 부담을 주는 꼴이 된다.

따라서 같은 행위이라도 아부가 되기도 하고 눈치없는 짓이 되기도 한다. 또한 남을 배려하는 행위가 오히려 그에게 모욕이 될 수도 있다.

결국 남을 기쁘게 해 주는 방법을 모르기 때문에 선물을 하고서도 고맙다는 말조차 듣지 못한다.

누구든 적은 돈을 써서 상대를 기쁘게 할 수 있다. 그러나 그보다 훨씬 더 많은 돈을 쓰고서도 상대를 부담스럽게 하는 사람들이 있다.

그런 사람들은 상대의 취향을 모르기 때문에 기쁘게 해 주는 방법도 모른다.

무심코 상대를 칭찬하려는 마음으로 말을 거들다가 뜻밖

에도 모욕을 당하게 되고, 그 결과로 인해 종종 난처해지는 경우가 있다.

이렇듯 남의 취향도 모르면서 호감을 사려 한다는 것은 자기 자신의 만족일 뿐, 정작 상대는 혼란스럽다.

*상대의 취향을 고려도 하지 않은 채, 상대를 즐겁게 하려는 것은 오히려 상대를 부담스럽게 하는 것이다.

*Life 22

사람과 사람을 연결시켜 주면 인맥이 생긴다

많은 사람들과 잘 어울리고, 사람과 사람을 잘 연결시켜 주는 능력은 사회 생활에 있어서 매우 중요한 것이다.

그런 사람은 인맥을 통해 뭔가 큰 것을 만들 수 있다. 그럼에도 불구하고 정작 실천으로 옮기는 데에는 인맥으로써 한계가 있다.

이런 경우 많은 사람들은 쉽다는 듯이 '다 내 친구야!' '나 정도면 모르는 사람이 어디 있어!' 등등 대단한 관계도 아니면서 실세나 고위층을 잘 아는 것처럼 떠벌린다. 하지만 안면이 있는 정도라면 아무런 의미가 없다.

즉 전화 한 통화로 일에 대한 협력을 끌어낼 수 있는 정도의 관계가 진정한 인맥이라 할 수 있다.

사람과 사람을 연결해 주는 것은 아주 가치가 있는 일이지만 어려운 일이기도 하다.

하지만 여러 사람을 연결해 주면 그 보답은 보다 충실한 인맥으로 본인에게 되돌아올 것이다.

* *Life* 23

용서의 문을 열면 마음이 편해진다

사람을 대할 때에는 내가 아니라는 생각을 해야 한다. 사람이라는 것은 제각각 다른 생각을 가지고 있으므로 내 맘과 같이 생각한다면 자신에게 큰 상처를 줄 것이다. 또한 상대에게도 큰 상처를 줄 것이다. 항상 내 맘과 같다고 착각을 하면 상대를 이해하기는 커녕 상대를 미워하게 된다. 그러므로 남의 입장에서 나를 이해하면 마음이 너그러워진다.

요즘의 세태를 보면 조금이라도 자신에게 불리하거나 손해가 있을 성싶으면 오랫동안 다진 믿음을 헌신짝 버리듯 버리는 것은 물론 쉽게 적으로 돌변한다. 더나가 나를 해치는 일에 몰두한다.

그러므로 그런 일에 대해서 미리 조심하는 것만이 마음의 상처를 덜 받게 되는 것이다.

당신은 항상 적에게 화해의 문을 열어 두어라. 그 문은 너그럽게 받아들이거나 용서하는 문일수록 마음이 편해진다.

*Life 24

사교나 단체 모임에 관심을 가져라

살다 보면 수많은 사람들과 어울릴 수 있는 모임이나 단체가 있다.

사교라는 것은 단순히 놀이가 아니다. 사람과 사람이 만나서 친분을 쌓고 정보를 교환하는 것이다.

이런 자리야말로 자신의 꿈을 펼칠 수 있는 기회와 사회적으로 관련 지을 수 있는 부분이 있다.

따라서 그런 모임에 참여하고 봉사하므로써 발을 넓혀 갈 수 있는 것이다.

사교 모임이나 단체는 다양한 사람들이 활동을 하고 있기 때문에 당신의 재능과 끼를 마음껏 발산할 수 있는 계기가 된다.

그리하면 누군가에게 좋은 인상을 남길 것이고, 이것으로 인해 좋은 친구, 좋은 리더를 만날 수도 있다.

또한 이런 기회를 통해 우물 안 개구리식 자기 자신을 탈피할 수도 있는 것이다.

*Life 25

사소한 감정이라도 잘 다스려라

사소한 정도의 불행한 일들은 살아가는 동안 시시때때로 일어나 감정을 상하게 하는데, 우리는 그것을 어떻게 다스려야 할까?

우리들은 흔히 큰 불행에 대해서는 극도로 절제된 감정을 통해 스스로 몸부림치지만 체념해 버릴 수 뿐이 없다는 사실을 잘 안다.

그러나 가까운 사람들과는 사소한 일로 울근불근 감정을 섞어 상대를 공격한다.

그것은 상대를 얕잡아 보는 동물적 본성이 살아 있기 때문이다. 그러므로 큰 불행보다 사소한 일에 격한 감정을 순간적으로 드러내는 것이다.

감정이란 성냥개비와 같아서 그것을 켤 때에는 작은 불씨겠지만 그것을 잘못 다스리면 화마로 변하는 것과 다를 바가 없다. 때문에 항상 조심해서 다스리지 않으면 안 된다.

* *Life* 26

자기 반성은 판단력을 기르는 첫걸음이다

대다수의 사람들이 찬성한다고 해서 그것을 무조건 따르는 것은 옳은 일이 아니다.

그저 자기 주장도 없이 따른다면 줏대가 없는 사람으로 결국 훌륭한 사람이 될 수 없다.

어떤 사람은 기분이 죽 끓듯하여 자기가 원하는 바를 따르지도 못하고 우왕좌왕 갈피를 못잡는다. 끝내는 죽 쑤어 개 바라지하는 꼴이 된다. 그리고 허드렛일로 남만 따라다니다가 욕만 먹는다.

그런 성향은 의지를 약화시킬 뿐만 아니라 판단력 마저 모두 잃어 끝내는 난처해진다.

자기 반성은 판단력을 기르는 첫걸음이다. 그것은 자신이 현재 처해 있는 위치와 분위기를 받아들이는 것이다. 또한 선천적으로 타고난 성품과 후천적인 능력을 잘 조화시킬 목적으로 자기와 다른 성향까지도 탐구해 보는 계기가 된다. 그러므로 그때부터 자신에 대한 판단력이 생기게 되는 것이다.

*Life 27

도덕이 없는 삶은 모래성과 같다

도덕성이 결여된 삶은 부패하기 마련이다. 부패한 사람은 정직한 사람을 못마땅하게 여긴다. 사회 생활에 있어서 부도덕한 사람이 공부 하나 만으로 어떤 높은 지위에 오르는 경우가 있는데, 이것은 그 사회가 심각할 정도로 부패해 있다는 증거이다.

대부분 사회적으로 도덕성이 높다고 하더라도 반드시 사생활이 도덕적인 것은 아니다. 때문에 도덕을 바탕으로 생활을 하지 않으면 불행하다.

남에게 보여 주려고 하는 겉치레 도덕은 많은 속임수를 만들어 내게 되고 결국에는 사기꾼이 된다. 그러므로 부도덕은 사회를 혼탁하게 하고 자기 자신조차도 믿지 못하게 만든다.

거짓과 진실에 있어서도 거짓을 밥 먹듯 하는 사람은 앞에서 말한 사기꾼과 다를 바가 없다. 그들이 진실을 외면하는 것은 진실보다 거짓이 대가가 크고 달콤하기 때문이다.

도덕이 결여된 사람들은 변덕이 죽 끓듯하여 참된 삶보다 남을 속이는 일에 익숙하고, 도덕이 없는 진실은 거짓과 속임수를 동반하게 마련이다. 또한 그것이 연속적으로 벌어지게 되면 자신의 모든 것을 잃게 된다.

이와 같이 도덕을 무시한 출세나 명예는 순간적으로 행복하겠지만 결국 모래성에 불과하다.

* *Life* 28

더불어 산다는 것은 신의 축복이다

매사에 고마움을 느끼고 사는 삶이 더불어 사는 삶이다. 혼자서 배부르고 등 따스면 그만이라는 생각은 더불어 사는 삶이 아니라 이기적인 삶으로 모두에게 불편함을 준다.

남을 위해 봉사하고, 남을 위해 무엇인가를 할 수 있다면 그날 하루도 단잠을 이룰 수 있다. 그러나 나를 위해 하루를 받친 사람은 편치 못하다. 남과 함께 더불어 산다는 것은 하루를 두 번 사는 꼴인데, 이런 삶은 신의 선물로 모두를 축복받게 한다. 그러나 사람들 대부분은 그런 사실을 모르고 살아가기 때문에 고마움을 잊는다.

행 복 의 문 을 열 어 주 는

내 안의 인생

Life

Part 4

행동의 기술

*Life 1

당신이 아니면 할 수 없는 뭔가를 만들어라

애매하게 실력을 키워서는 안 된다. 무엇을 하고 싶은지, 그것을 어떻게 하고 싶은지, 어떻게 할 수 있는지, 자문해 봐라. 여기서 중요한 것은 어떻게 할 수 있는지만이 결과에 반영된다.

다음으로 똑같은 일을 남이 어떻게 해낼 것인지 생각해 보자. 다른 사람들도 할 수 있고, 하고 싶어 하는 일이라면 결코 특별한 가치가 없는 것이다. 또한 아무리 남들이 좋다고 해도 결과적으로 아이디어만을 제공하는 꼴이 된다면 무슨 소용이 있겠는가.

당신의 일도 아르바이트와 같이 누구나 다 할 수 있는 것이라면 지금 받고 있는 급료가 적정하다. 이것을 아무리 부당하다고 우긴들 현실은 냉혹하다.

현실적으로 어쩔 수 없이 일을 한다는 것은 당연하다. 그러나 당신이 아니면 할 수 없는 뭔가가 당신의 능력임을 알아야 한다. 그리고 그것을 만들도록 노력해야 한다.

* *Life* 2

아이디어(Idea)는 꼭 필요한 때만 보여 줘라

당신의 아이디어(Idea)를 누구에게나 보여 줄 필요는 없다. 필요 이상으로 아이디어를 보여 준다는 것은 상대의 수준에 따라서는 잘난 체한다는 인상을 줄 수도 있기 때문이다.

옛말에 구슬이 서 말이라도 꿰어야 보배란 말이 있듯이 아이디어란 원석과 같아서 그것을 갈고 닦지 않으면 값진 보석이 될 수 없다.

그러나 대부분의 사람들은 그것을 갈고 닦지 못하고 그냥 흘려버리기 때문에 아이디어는 곧 사라지게 된다. 그러므로 아이디어는 그때그때 메모하고, 때에 따라서 그것을 보여 주면 된다. 그렇다고 해서 한꺼번에 너무 많은 것을 보여 줄 필요는 없다.

누구나 아이디어는 가치가 있는 곳에서 적당한 만큼 꺼내어 상대에게 보여 주는 것이 효과적이다. 그렇지 않으면 내일은 보여 줄 것이 없다.

*Life 3

일은 친분 관계를 맺는 보물 창고다

일은 친분 관계를 맺는 보물 창고다. 서로 같은 사람끼리 모여 같은 목표를 향해 노력하고 있기 때문에 친분 관계는 자연스럽게 생기는데, 일은 적든 많든 대부분 외부 사회를 대상으로 이루어진다.

그렇기 때문에 일을 통해서 친분 쌓기가 가능하다. 하지만 똑같은 환경에 놓여 있어도 친분 관계를 쌓는 사람과 그렇지 못한 사람이 있다. 오직 일밖에 모르는 사람과 일과 관련이 없는 친분을 가지고 있는 것이 바로 그것이다. 이것은 일의 성격이나 능력의 차이가 아니라 대인 관계에 있어서 가치관과 입장의 차다.

약간 이기적이긴 하지만 일이란? 사람을 만나는 수단이라고 생각한다. 많은 사람들과 친분 관계를 맺는 것이야 말로 최대의 재산이다. 일은 그 다음에 생겨나는 것이다. 진정 당신에게 하고 싶은 말은 사람과 사람 사이는 포지티브(Positive)해야 한다.

성격 문제로 친분 관계가 원만히 유지되지 못한다면 꼭

개선해야 한다. 왜냐하면 남과 잘 지내는 능력이야말로 어떤 일에 있어서나 기본이 되기 때문이다.

*Life 4

자기 개발의 동기

일이란 무엇인가에 대해 질문을 한다면 한마디로 딱히 잘라 정의하기가 어렵다.

그렇다고 해도 일은 분명 기쁘게 해야 한다. 그러나 그렇지 못한 경우가 허다하다.

일이 있다는 것은 언제나 똑같은 일을 한다는 의미다. 워낙 많이 해서 눈을 감고도 할 수 있고, 힘들게 노력하지 않아도 할 수 있다.

일반적으로 남녀가 하는 일은 직장을 통해서 이루어진다. 그러므로 세상이 아무리 변했다고 해도 직장을 벗어나기란 그리 쉽지 않다.

대부분 여자가 결혼을 하게 되면 그 순간 직장을 그만둔다. 그러나 남자가 결혼을 하게 되면 그때부터 직장에 매달린다.

사람들은 거의 자기가 직업으로 삼는 일만을 할 줄 안다. 요컨대 직장은 바쁘게 뛰고, 보고하고, 결제를 맡는다. 그리고 경쟁에 온몸을 던진다.

그렇게 한 가지 일에만 정신없이 매달려 살다 보면 결국 남는 것은 직장을 잃는 것뿐이다.

능력이 충분히 있는데도 오직 한 가지 일에만 매달린 탓에 두 가지 일을 동시에 할 수 없다. 그러므로 남도 도울 수 없고 기쁨도 여유도 없는 삶을 산다.

일반적으로 사람들은 직장이라는 족쇄 때문에 언젠가는 삶에 대한 회의를 느낀다. 이처럼 반복되는 일은 자신을 지치고 힘들게 한다.

이같은 처지의 사람들이 남의 직업을 부러워하거나 얕잡아 본다. 직업은 마찬가지인데도 어떤 직업이 귀하다느니 어떤 직업이 천하다느니 말이 많다.

모든 직업은 하나같이 불안전한 것이다. 왜냐하면 육체적인 손이나 발로 하는 일과, 정신적인 머리로 하는 일이 구분되어 따로 놀기 때문이다. 그러므로 손이나 발, 머리는 저마다 합쳐지기를 원하고 있다. 이때 육체와 정신이 함께 움직여야 그나마도 만족을 느낀다. 그런데도 불구하고 한 부분만이 살아 있고 다른 부분은 죽은 것처럼 여겨 혼란과 좌절을 스스로 불러들인다. 그렇다고 해도 누구든 기가 죽어 슬금슬금 기어다닐 필요는 없다. 우리가 어떤 일을 하든 당당하면서도 여유 있게 대처하라. 이것이야말로 자기 개발의 동기가 된다.

*Life 5

서로 돕는 사람이 되라

집단은 자신이 모자라는 것을 채워서 완숙하게 만들어 주는 곳이다.

그러므로 남이 채워 주는 부분에 대해서는 사례를 하는 것이 좋다.

그렇다고 현금으로 줄 필요는 없다. 돈을 주게 되면 뇌물이 되고 결국에는 그것이 부패하게 된다.

그렇기 때문에 어떤 경우든 일을 통해서 자신이 얻은 만큼 갚아 주면 된다. 이러한 생각으로 일을 하면 자신도 집단도 이익을 얻는다.

상호간에 주고 받는 것이 있으면 좋은 관계가 유지될 뿐만 아니라 서로가 도와서 어떤 일이든 잘 처리할 수 있다.

물론 일을 처리하는 과정에서 일을 움켜질 필요는 없다. 그것을 혼자서 할 수 없기 때문에 남이 도울 수 있도록 상호 관계를 유지하는 것이 좋다.

남이 나의 일을 잘 도와 주도록 하기 위해서는 먼저 일을 하는 방법보다 일을 만들어 내는 방법이 중요하다.

일이란, 시키는 일을 그저 해내는 것이 아니라 아직 만들어지지 않은 일을 새롭게 만들어 내는 것이다.

집단에는 협조하는 사람들이 얼마든지 있다. 그러므로 항상 일을 만들어 내는 쪽에 서라.

그렇게 되면 집단에서 항상 인정받고 앞서 갈 수 있다. 또한 일원으로 소외되는 법이 없다.

*Life 6

매체는 지식을 가꾸는 환경적인 요소이다

신문이나 잡지, 텔레비전이나 인터넷 등은 현실을 생생하게 전해 주는 지식의 보고이다. 이것은 때와 장소를 가리지 않고 언제 어디서나 접할 수 있다.

이같은 매체가 보기에 따라서는 부정적인 측면을 가지고 있는 것도 사실이다. 그렇지만 오늘을 사는 사람이라면 이것을 외면하기란 그리 쉽지 않다.

우리는 흔히 매체가 악영향을 준다고 말하지만 꼭 그런 것만은 아니다. 그렇기 때문에 무엇이 자기에게 도움이 될런지를 선택하여 그것을 활용하면 된다.

굳이 매체를 꼭 접하라는 것은 아니다. 그렇지만 자신의 주변에 있는 매체만큼 생활에 영향을 주는 것도 없다.

현실을 살면서 정보의 공유는 매우 중요하다. 또한 정보를 공유하지 않고서는 대화가 이루워지지 않는다.

이것은 시시각각 변화하는 사회의 사건들을 바탕으로 생활 환경이 변하기 때문이다.

*Life 7
위험한 대인 관계

친구 사이라도 자기 편한 대로 결별하는 사람들이 있다. 그것은 바람직하지 못하다. 더군다나 사회 생활에 있어서 대인 관계를 쉽게 단절한다는 것은 더욱 위험한 발상이다. 그런 행동은 자기 자신을 고립시키는 꼴이 된다.

이것은 이기적인 사고인데, 누가 그런 사람에게 지속적인 믿음을 주겠는가? 이런 식의 행동은 자칫 자기 스스로가 남을 불신하게 된다. 또한 상대방이 어떤 의도를 품고 자기에게 강요하는 것쯤으로 착각한다. 그런 사람은 감정이 예민해서 농담을 하거나, 진담을 하거나, 언제든 자극을 받게 된다. 그렇게 되면 전후 생각 없이 아주 사소한 것에 민감한 반응을 보이고 그것에 화를 낸다. 같은 동료라면 민감한 성격에 대해 세심한 배려와 함께 표정도 살펴야 한다. 왜냐하면 그런 사람은 공격적으로 상대를 대하는 것은 물론 그 상대에게 모욕을 주기 때문이다.

그런 사람은 대개의 경우 극히 자기 중심적이다. 자기 마음대로 흥분하는 기분파이고, 자기 기분에 의해 모든 것을 망쳐 버린다. 그런 사람은 아주 하잖은 것에 목숨을 걸고 흥분하며, 자기가 한 말을 어떤 식으로든 합리화 시킨다. 그러므로 그런 사람과는 어울리지 않는 것이 상책이다.

Life 8
가능성의 가치는 자신의 노력에 있다

세상을 살아가면서 성공한 사람치고 젊은 시절 자기가 100% 성공을 보장받고 출발한 사람은 없다.

전문가 중에는 처음부터 그가 전문가의 길로 첫발을 디딘 후 꼭 성공한다는 확신도 없다.

그러나 성공하기까지 현실적인 갈등과 불안을 느끼면서도 한걸음 한걸음 포기하지 않고 묵묵히 목표를 향해 걸었다는 사실이다.

어느 분야를 막론하고 성공한 사람들은 하나같이 공통점을 가지고 있다. 그것은 오직 성공할 수 있다는 믿음과 목표이다.

* *Life* 9

1%의 방심을 경계하라

당신의 능력이 99%라는 것을 알면 나머지 1%가 성공의 키워드(Key word)다.

어떤 일이든 99%를 만족했다 치더라도 1%의 꼼꼼함이 필요하다. 이것이 당연한 것인데도 대부분의 사람들은 100% 커녕 50%라는 한계점에 다다른다.

'대충대충' '이쯤이면 잘한 거지' '더 이상 어떻게 해' '이것이 최상이다' 라는 말을 종종 한다. 이것이야말로 자기 만족에 빠진 결과이다.

능력이 있는 사람은 99%를 기본으로 하고 나머지 1%의 모자람을 찾기 위해 노력한다. 또한 1%의 방심을 경계한다.

*Life 10

노력이 미래를 보장한다

세상은 자기 스스로 먹고 살아야 한다는 대원칙이 있다. 그런데도 불구하고 스스로 노력을 하지 않는 경우가 많다. 그렇게 되면 누군가에게 피해를 줄 수 밖에 없는 것이다.

보편적으로 가진 사람은 없는 사람을 돕는다. 이같이 사람에게는 아름다운 마음씨가 있다. 그러나 스스로 노력을 하면 도움이 필요없는 사람도 있다. 그런데 노력은 커녕 자신이 할 수 있는 것보다 더 큰 도움을 원한다. 그런 사람은 절대로 용서받을 수 없다. 그것은 진짜 도움을 원하는 누군가가 희생되기 때문이다.

일에 있어서도 마찬가지다. 일은 열심히 하지도 않고 돈만 많이 받으려 한다거나, 보너스를 요구한다는 자체는 뭔가 잘못된 생각이다. 이처럼 노력은 하지 않고 대우가 좋아지기를 바라는 것은 거지 근성 보다도 못한 것이다.

진정한 노력은 어떤 상황에서도 자신이 택한 일에 매진하는 것이다. 상황이 좋지 않을 때에도 그것을 극복할 수 있는 지혜와 행동이 필요하다. 대가는 그러한 노력에 따른 것이다. 또한 그 내용은 창조한 것의 가치에 준하면 충분하다.

자신의 노력으로 얻은 것들을 노력하지 않은 사람에게 빼앗긴다는 것은 불행한 일이다.

세상은 자신이 노력해서 번 만큼 그 삶의 가치도 급속히 바뀌어 갈 것이다.

희망이 있는 사람이라면 눈앞의 돈보다 벌 수 있는 능력을 키우는 것이 중요하다. 그것을 깨닫는 것이야말로 진정한 노력이고 자신을 강하게 하는 디딤돌이다.

*진정한 노력은 어떤 상황에서도 자신이 택한 일에 매진하는 것이다.

*Life 11

성공 뒤에는 항상 상대가 존재한다

성공을 하려면 풍부한 지식과 착한 마음이 필수이다. 우리 주변을 살펴보면 의외로 똑똑한 사람들이 많다.

그러나 그들은 남들과 다른 행동을 하므로써 남들을 괴롭히거나 화합을 깨뜨리는 불청객이 된다.

아무리 똑똑한 사람이라도 주변과 어울리지 못한다면 백만 번 똑똑해 본들 비참한 것이다.

자신을 상대가 알아주지 않는다면 그 똑똑함을 누구에게 보여 주겠는가.

따라서 똑똑하다는 것은 상대적이지 절대적이지는 못한 것이다. 이와 같은 이치를 모른다면 평범한 사람보다 못한 사람이 되어 결국은 외톨이가 된다.

반드시 세상은 똑똑하다는 것만으로 성공하는 것은 아니다. 상대가 존재하므로써 성공하는 것이다.

*Life 12

부지런하고 신중한 사람이 되라

부지런하면서도 신중한 사람은 분별력이 있다. 또한 어떤 일이든 빠르고 정확하게 한다.

어리석은 사람은 우왕좌왕 서두르기 때문에 앞으로 다가올 난관에 대해 아무런 준비도 없이 일을 한다.

똑똑한 사람은 자신의 머리만을 믿고 자만에 빠지므로 생각 이상으로 넘겨짚거나 미루는 경향이 있다. 결국 이와 같은 사람은 성공할 확률이 낮다.

그러나 부지런하고 신중한 사람은 어떤 일도 서두르거나 내일로 미루지 않으므로 성공할 확률이 높다.

*Life 13

실수를 통해 배워라

일을 하다 보면 실수를 할 때가 있다. 처음 실수라면 누구라도 용서해 줄 수 있는 아량이 있을 것이다.

중요한 것은 똑같은 실수를 두 번 다시 되풀이 하지 말아야 한다는 것이다. 두 번째 실수야 말로 진짜 실수이기 때문이다.

진짜 실수는 당신의 신뢰를 무너뜨릴 수 있다. 일에 있어서 개인이 아닌 단체라면 단체의 신용을 잃게 되는 상황이 온다.

실수를 되풀이하지 않기 위해서는 일일이 일에 관해서 주의 깊게 살피고, 맨 처음 실수를 했을 때의 원인을 밝혀 내야 한다.

이때 실수를 하지 않으려고 소심하게 그 일을 대하기 보다는 실수를 했을 때 어떻게 대처할 것인가를 배우는 것이 무엇보다 중요하다.

* *Life* 14

독서는 재료와 같은 것이다

일반적으로 우리가 성공을 위한 첫발을 내디디려 할 때 흔히 경험하는 일이다.

여기서 최대의 어려움은 결심을 해서 첫발을 내딛는 순간이 아니라, 내디딘 발을 지속적으로 움직이는 일이다.

누구든 열의가 식으면 움직임이 둔해진다. 하지만 자신의 의지를 끝까지 관철하면 성공할 수 있다. 독서도 이와 마찬가지로 자신에게 달려 있다.

독서란 혼자서 해야 한다. 그 어떤 생각이 떠오르면 읽는 것을 일시 중단하고 그것을 새겨야 한다. 하지만 남이 읽어줄 경우에는 그렇게 할 수 없다. 그것은 자기 스스로가 원하는 재료를 얻고자 하는 데에 그 뜻이 있기 때문이다.

*Life 15

어떤 문제든 서두르지 마라

당장 풀리지 않는 문제를 가슴에 안고 고민하는 것보다는 그것에 대해 인내하는 것이 중요하다.

항상 전문 서적을 본다는 마음 자세로 차근차근 문제 자체를 즐겨라.

어떤 문제든 지금 당장 해답을 얻고자 서두르지 마라.

문제란 해답과 함께 주어지지 않기 때문이다.

따라서 문제를 해결하는 가장 좋은 방법은 사전을 찾는 것과 같은 마음의 자세가 필요한 것이다.

그러면 자신도 모르는 사이에 문제의 답을 얻게 될 것이다.

*Life 16

자투리 시간을 아껴라

대부분의 사람들은 시간을 지혜롭게 쓸 줄 모른다. 시간을 가치 있게 쓰는 일은 무엇 보다도 중요하다. 1분에 또 1분이 쌓이고 쌓여 하루가 이뤄진다. 일 년 동안 날마다 조금씩 허비한 시간을 한데 모으면 결코 적지 않은 시간이 된다. 그런데도 불구하고 세상에는 정말 쓸데없이 시간을 질질 흘려버리는 사람들이 많다.

무슨 일을 하든 간에 약간의 여유와 이동 시간이 있다. 이때야 말로 더할 나위 없는 자기 시간이다. 또한 순간적으로 아이디어(Idea)를 짜낼 수 있는 시간이기도 하다. 현명한 사람은 이 시간을 활용해서 독서를 한다든가 간단한 체조를 한다. 그런데 어리석은 사람은 쓸데없는 잡담에 몰두하거나 그렇지 않으면 멍청하게 앉아 있는 일이 태반이다.

자투리 시간은 마치 도시 한복판의 자투리 땅과 같아서 평소에는 별로 가치가 없어 보인다. 그러나 그 이용 가치는 대단히 크다. 이처럼 자투리 시간도 평소에는 쓸모없이 보이지만 활용 여하에 따라서는 자신의 개발에 한몫을 한다.

*Life 17

꼼수를 부리지 마라

남에게 꼼수를 부리지 마라. 누구에게나 꼼수를 부리는 사람으로 낙인찍히게 되면 상대는 당신을 피하게 될 것이다. 꼼수는 남에게 피해를 주고 꼼수는 남에게 미움만 살 뿐이다. 사람들은 그런 사람을 비난하게 될 것이고 끝내는 그에게 보복한다.

그를 비난하는 사람은 많아지고 그는 혼자이기 때문에 그의 꼼수를 인정해 주기보다는 그가 먼저 비난을 받게 될 것이다.

결코 꼼수를 즐겨서는 안 된다. 또한 화제가 되어서도 안 된다.

남몰래 꼼수를 부리는 사람은 누구에게나 외톨이가 될 것이다. 가끔은 윗사람이 그런 사람과 다정한 듯 가까이 지낸다. 그것은 그의 꼼수가 마음에 든 것이 아니라 그가 하는 꼴을 보려는 것이다.

어쨌든 남을 향해 꼼수를 부리면 더 심한 비난을 면키 어렵다.

*Life 18

자신을 무장하라

사회로 첫발을 내딛일 때에는 버릇없는 행위, 배신 행위, 그리고 가증스럽고도 뻔뻔스러운 행위 등등 갖가지 권모술수에 대비해라.

이 사회는 어리석은 행위를 하는 사람들이 너무나도 많다. 그런 어리석은 사람들과 어울리면 손해를 보기 십상이다.

매일 자기 자신을 돌아보면서 자신을 무장하라. 그렇게 하면 어리석은 사람의 접근을 막을 수가 있다.

누구든 천박하고도 우발적인 사건에 휩싸여 자존심을 상할 수도 있다. 이처럼 사회 생활은 자신이 생각한 것보다는 훨씬 더 험난하다.

그 길은 예상치 못한 각양각색의 장애물로 가득차 있다. 때문에 장애물을 극복하지 못할 처지에 놓이면 모르는 척하는 것이 상책이다. 특히 장애물이 많은 경우에는 자연스럽게 궁지를 벗어나는 것이 유일한 수단이다.

* *Life* 19

어리석은 사람은 자기 자신도 모른다

사람은 누구나 우물 안의 개구리다. 자신이 지혜롭다고 한들 또 다른 지혜가 있다.

세상에서 가장 어리석은 사람은, 자신만이 지혜롭고 다른 사람은 모두 어리석다고 생각하는 사람이다.

지혜로운 사람이 되기 위해서는 지혜롭게 보이는 것만으로 충분치 않다.

지혜로운 사람은 항상 무엇인가를 배우고 있고, 또한 나보다 더 나은 사람이 있다는 사실을 깨닫고 산다.

더욱이 자신이 그것을 안다고 해도 그것을 자랑스럽게 생각하지 않는다.

그러나 어리석은 사람은 자신을 어리석다고 생각하지 않는다.

그는 어리석음에 대해 의심을 품어본 적이 한 번도 없기 때문에 어리석을 수 뿐이 없다.

*Life 20

지혜로운 사람은 경쟁자를 자기 편으로 만든다

경쟁자와의 관계에 있어서 악의가 있다는 사실을 눈치채게 되면 가능한 한 호의적인 태도를 갖게 하라. 경쟁자와 적대적인 관계를 보이는 것보다 미리 알아서 대비하는 것이 최선책이다. 경쟁자를 우군으로 만들거나 적대적인 관계에서 우호적인 관계로 전환시키는 데에는 많은 어려움이 따른다. 그러므로 적을 교화시켜 우군으로 만든다는 것은 그만큼 당신이 뛰어나다는 증거이다.

남에게 받으려고 하는 마음보다 주려고 하는 마음이 있으면 적보다 우군이 많이 생기는 법이다. 또한 살아가는 동안에 큰 도움이 된다.

경쟁자에게도 항상 감사하는 마음을 가진다면 악의는 사라지고 결국은 호의적으로 변할 것이다.

이처럼 지혜로운 사람들의 공통점은 적보다 우군이 많다는 것이다.

*Life 21

존경하는 인물을 목표로 삼자

존경하는 인물이나 이상적인 인물을 목표로 삼되, 그를 닮기 보다는 차라리 마음속으로 그와 경쟁 관계를 유지하는 것이 좋다.

그들은 인생을 설계함에 있어서 본보기이고 꿈을 꾸기 위한 생생한 교과서이다.

누구나 자기가 생각하고 있는 분야에서 가장 존경하는 인물을 마음속으로 그려라. 또한 그 사람의 행적을 따르고 배워서 끝내는 그 이상의 목표를 자신의 것으로 만들어라.

이때 그를 무조건 답습하는 것이 아니라 스스로를 채찍질하기 위한 길라잡이로 삼아라.

이렇듯 어떤 인물을 목표로 삼는다고 하는 것은 그 사람과 같게 되는 것이 아니다.

그 목표를 지름길로 삼아 그 이상의 목표를 실현하는 것이다.

* *Life* 22

술은 기회를 주기도 하지만 잃기도 한다

"술이란 처음 마시기 시작할 때에는 양처럼 온순하고 조금더 마시면 사자처럼 사나워지고 더 마시면 돼지처럼 더러워진다. 그리고 거기에다 더 마시면 원숭이처럼 춤을 추고 노래한다." (탈무드 중에서)

사람이 살아가면서 술을 마실 기회는 많다.

요즘 젊은이들은 그런 자리를 피하는 추세인데, 그렇다고 해도 생각하기에 따라서는 필요하다.

지인과의 술자리라면 각자가 가지고 있는 사회 정보를 얻을 수 있는 좋은 기회이다.

또한 윗사람과 함께 가면 그 사람이 무슨 생각을 하고 있는지, 지금 진행되고 있는 일의 의미나 관련성, 대인 관계에 있어서의 역학 관계 등을 알 수 있다.

분명 별볼일이 없다고 생각한 술자리라도 자신이 원하는 정보를 얻게 된다.

사회 생활은 접대를 하거나 받을 기회가 많은데, 이처럼 지인이나 윗사람을 통해서 접대하는 방법을 배울 수가 있다. 단 술자리에서 조심해야 할 것은 어떤 경우든 간에 불평 불만을 이야기해서는 안 된다.

이것이야말로 시간을 헛되게 쓰는 것이며 한심하기 짝이 없는 일이다.

그런 분위기의 술자리라면 되도록 참석하지 않는 것이 바람직하다.

누구든 술을 마시더라도 주량에 신경을 써야 한다. 아무리 허물없는 자리라 할지라도 주법은 존재하기 때문이다.

*Life 23

첫인상은 상대에게 두고두고 남는다

사람은 옷차림이나 매너에 신경을 써야 한다.

복장이 불량하고 입이 거치르면 동료들로부터 받는 이미지는 어떨까.

그에게 일을 맡기거나 도움을 받고 싶을까. 그리고 그가 능력이 있는 것처럼 보일까.

첫인상은 사람 관계에 있어서 중요하다. 그러므로 처음부터 상대에게 나쁜 인상을 주어서는 안 된다.

왜냐하면 인상은 사회 생활의 중요한 요소이기 때문이다.

당신도 상대를 거울 삼아 인상을 바꾸자. 그리고 남에게 어떤 이미지를 주고 있는지 지금 당장 체크해 보자.

좋은 인상은 대인 관계를 부드럽게 할 수 있다. 나쁜 인상은 분위기를 썰렁하게 할 뿐만 아니라 그것을 되돌리기란 그리 쉽지 않다.

이처럼 인상은 대인 관계를 좌지우지하기 때문에 항상 잘 가꾸어야 한다.

*Life 24

아무리 사소한 습관도 문화가 된다

사람이 살아가면서 겪는 사소한 일이라도 수박 겉핥기 식으로 대하면 어느 사이 그것이 습관화 되어 나중에는 고치려 해도 생각만큼 쉽지 않다.

옛날, 통신 수단으로 편지가 주목을 받았던 시절에는 편지가 중요했다.

그러나 요즘처럼 전화가 보편화된 시대에 있어서 편지는 별로다. 편지는 우리 마음의 곳곳을 어루만져 주었는데도 이를 귀찮게 여긴 나머지 편지를 쓰는 사람이 줄어들고 있다.

분명 전화는 간편하고 편리하다. 그렇지만 전화로 주고받은 말은 인상적이지도 못하다.

여행지에서 보낸 소식은 전화보다는 한 장의 편지가 훨씬 더 인상적이다. 그리고 언제까지나 생생한 추억이 된다. 이처럼 마음을 전하고 싶다면 편지가 훨씬 낫다.

편지를 쓸라 치면 마음의 여유가 필요하다. 아무리 글을 못쓰는 사람이라도 그 편지 속에는 그 사람의 정성과 성의가 깃들여 있어 받는 사람으로 하여금 감동을 준다.

그런데 전화는 단순히 그 자리 그 상황의 사무적인 처리에 불과하므로 너무 상막한 느낌이다.

요즘 젊은이들은 남자나 여자나 전화만 붙들면 놓을 줄도 모르고 무엇인가를 수없이 떠들어댄다. 그런데 결국 내용도 없는 수다가 태반이다.

가령 어려서부터 여가 생활을 즐기지 않은 가정은 아이가 커서 가정을 꾸린다 치더라도 여가 생활을 하기란 그리 쉽지 않다.

이렇듯 아무리 사소한 습관일지라도 바람직한 방향으로 이어갈 때 하나의 문화가 된다.

*Life 25

남을 무시하면 어느 순간 적이 된다

일반적으로 사람들은 살아가면서 말과 행동을 스스로 하는 것이 아니라 남의 호의에 반응을 보이는 것이다.

평판 또한 남의 입에 달려 있다. 자기만 옳으면 그만이지라는 사람도 있다. 하지만 자기 스스로 옳다고 생각하는 것만으로 호평을 받기란 쉽지 않다. 따라서 주변으로부터 호의적인 지원이 필요하다.

가령 남들에게 적은 비용으로 호의를 베풀었다고 치자. 그러면 그 호의는 생각보다 크게 도움이 되어 돌아온다. 또한 호의적인 말 한마디를 해 주므로써 그들의 지원을 사전에 확보할 수 있다.

세상에는 여러 계층의 다양한 사람들이 다양한 방식으로 살아간다. 아무리 보잘것없고 우습게 보이는 사람이라 할지라도 그들을 무시한다면 언젠가 당신은 예상치 못한 곤경에 빠질 것이다. 하지만 호의를 보낸다면 도움이 될 것이다.

누구를 싫어하는 것은 자유다. 그렇지만 굳이 그 속마음을 드러내어 상대에게 미움을 살 필요는 없다.

그것은 상대를 비난한 것 이상으로 보복을 하기 때문이다.

*Life 26

절대적인 인재는 없다

어떤 팀에서든 절대적으로 필요한 인재는 없다. 아무리 그 사람이 없으면 그 팀이 움직이지 못할 것 같다 한들, 다른 팀에서 더 적합하다고 판단되면 가차없이 그쪽으로 트레이드(Trade)된다.

현실적으로 그 사람이 떠나면 잠시는 주춤하겠지만 다시 본래의 상태로 돌아가게 마련이다. 그러나 경우에 따라서는 현재보다 더 나빠질 수도 있다. 그렇다고 해도 더 좋은 상태로 발전할 가능성은 얼마든지 있다.

*Life 27
공통된 목표는 팀웍을 창출한다

어떤 단체든 조직적으로 움직이는 것이 바람직하다. 그럼에도 불구하고 개인 행동을 하는 사람들이 있게 마련이다.

가령, 전문적인 역할을 담당하고 있을 때에는 전문화된 기능을 자랑스럽게 여기고 소중히 하는 것까지는 좋다.

그런데 지나치게 남을 거부하고 자기 입맛대로 일을 처리한다면 오히려 조직 전체로 볼 때에는 해가 된다.

조직내의 일에 있어서 자기 일 외에는 어떤 일이든 무관심한 관계를 지나쳐 오직 자기 일뿐이 모르는 사람들이 있다.

그런 사람은 불평 불만이 많고 매사를 정략적으로 계산한다. 또한 자신의 권력과 야망을 쫓는다.

이처럼 이기적인 사고가 조직에 해를 끼친다. 이를 제거하기 위해서는 공통된 목표를 주는 것이 좋다.

목표에 의한 일은 조직에 있어 팀웍이 창출된다. 그리고 조직의 목적 달성을 위해 다른 조직과의 협력을 자연스럽게 도모한다.

특히 봉사 활동의 경우, 자기 일에 관해서는 열성적이지만 남의 일에 관해서는 무책임한 행동을 할 수가 있다.

그렇기 때문에 공통된 목표를 주는 것이 무엇보다 중요하다.

그러면 개인적인 성향이 사라지게 되고 그 단체는 일사불란하게 움직일 것이다.

*Life 28

과거의 무용담에 집착하지 마라

사람들은 대부분 만나기만 하면 단골 메뉴로 과거의 무용담을 끊임없이 주절댄다. 그러나 그런 말은 자기 자랑에 불과하다. 아무리 당신과 친분이 있다고 한들 당신의 말에 귀를 기울일 사람은 별로 없다. 무용담은 어디까지나 과거의 경험이지 미래를 지향하는 것은 아니다. 이런 경우 정말 부끄러운 짓이다.

과거를 사는 사람이 어떻게 희망적일 수 있겠는가? 누구든 미래를 내다보고 미래의 새로운 일에 도전하는 것이 바람직하다.

'옛날에 우린 피죽도 못 먹었다.' '우린 어떤 일이든 목숨을 받쳐 일했다.' 라고 말을 한다면 이런 말은 상대의 비웃음을 살 뿐이다.

언제나 과거는 흘러간 것이다. 그러므로 현재와 미래가 자신의 몫임을 명심해야 한다.

*Life 29

자기 색깔의 명함을 만들어라

자기 나름으로 활동하는 일이 있다면 직함을 넣어 창의적인 명함을 만들어라.

젊은 층에서는 요즘 회사 명함 외에 특색 있는 자기 자신만의 명함을 상대에게 건네는 경우가 종종 있다.

현실적으로 그런 일은 실례가 될지도 모른다.

그러나 인맥을 넓히려는 의지가 있다면 때와 장소를 가려 반드시 개인 명함을 건네 보는 것도 색다른 체험이다.

이처럼 개인 명함을 가지고 있다는 것은 상대에게 자신의 개인적인 활동과 특기를 십분 알리고, 또한 자신의 당당한 삶을 보여 주는 계기가 된다.

이때 회사의 명함과는 관련이 없다는 것을 상대에게 알려 주는 것이 예의이다.

*Life 30

사사건건 꼬투리를 잡는 것은 어리석고 천박한 짓이다

무슨 일이나 사방팔방 다 끼어들어 아는 체하거나 쓸데없이 간섭을 하는 사람들이 있다. 그런 사람은 결국 의견 충돌로 가까운 사람과 분란을 일으킨다.

그런 사람이 의견 충돌을 일으키는 것은 그 사람이 어리석거나 아니면 다혈질이라는 것을 공공연히 드러내는 것과 같다.

무슨 일이든 빠짐없이 이것저것 꼬투리를 잡아 참견할 때, 한 번쯤은 박식하고 영리하다는 말을 들을 수는 있다. 하지만 결국에는 예의 없고 버릇없는 사람으로 낙인찍힌다. 이런 분류의 사람들은 즐거운 대화 중에 언쟁을 불러일으켜 분위기를 험악하게 만들고 끝내는 판을 깬다.

그것도 전혀 모르는 사람들이 아니다. 바로 친분이 있는 자기 동료들을 적으로 삼는다. 그런 짓은 모두에게 폐를 끼친다.

가령 아무리 값지고 정밀한 전자 제품이라 할지라도 그

속에 미세한 먼지가 들어가게 되면 그 먼지 때문에 오류가 발생하게 되고 결국 그것이 쓸모 없게 되는 것과 같다.

어느 경우든 사사건건 꼬투리를 잡는 사람은 자연스러운 분위기의 모임일수록 더욱더 큰 분란을 야기한다.

*Life 31

같은 처지의 사람과 푸념을 늘어놓는다면, 분명 희망이 아니라 한탄뿐이다

어느 장소를 불문하고 사람들이란, 셋 이상이 모이면 제 삼자를 화젯거리로 이야기를 나눈다.

어떤 사람은 일에 대한 문제를 늘어놓고, 어떤 사람은 삶에 대한 푸념을 늘어놓고, 어떤 사람은 인간성을 들먹인다.

아마 술자리나 커피 숍(Coffee shop)에서 누구라도 한 번쯤은 남을 흉보고 헐뜯었을 것이 분명하다.

'그 인간 정말 그러는 게 아니야' '그 인간 언제나 제멋대로야' '그 인간 피눈물도 없어' 등등 모이기만 하면 일시적이 아니라 반복적으로 돌아가면서 헐뜯는 것은 물론 푸념만 늘어놓는다.

그렇게 한들 달라지는 것은 없다. 달라지는 것이 있다면 그건 분명 자기 스트레스(Stress)를 해소하는 것뿐이다.

이때 서로가 모여 푸념을 늘어놓거나 제삼자를 헐뜯는 것이 당신의 정신 건강에 좋다는 것쯤은 안다.

그러나 같은 처지에 있는 다른 사람들과 푸념을 늘어놓는다는 것은 한탄뿐이다. 결코 자신의 문제에 아무런 도움도 되지 않는다.

그러므로 푸념을 하더라도 나보다 나은 상대와 만날 때만이 진정 자신의 문제가 희망적으로 바뀐다는 것을 알아야 한다.

*Life 32

다람쥐 쳇바퀴 돌듯하는 것은 끈기가 아니라, 성공을 멀리하는 것이다

똑같은 행동을 반복해서 한다는 것은 실패를 거듭하는 것이지 끈기는 아니다. 그것은 어리석은 짓이고 시간만 낭비하는 결과를 초래한다.

끈기는 어떤 목표를 정확하게 알고 결과를 위해 최선을 다하는 것이다. 그러므로 올바른 끈기는 반드시 보상을 받게 마련이다.

성공할 때까지 지속적으로 당신의 능력을 말보다는 실천으로 보여 주어야 한다. 그것이 바로 끈기이다.

확률상으로 끈기는 성공할 가능성이 높다. 다양한 생각을 통해서 효과적인 전략을 끌어내고 그것을 실천할 수 있기 때문이다. 성공을 하려면 새로운 각도에서 끈기 있게 매달리는 것이 바람직하다. 또한 성공을 한다는 집념과 긍정적인 말을 항시 하는 것이 좋다.

어쨌든 실패한 사람은 이루지 못했거나 포기한 것에 대한 이야기를 줄기차게 한다. 그들은 과거에 어떤 일을 했었는데, '그것은 정말 안 된다' '그것은 별 효과가 없었다' 등등 변명만 밥먹듯이 한다. 그런 사람은 다시 시도할 기회조차도 잃게 된다. 바로 그것이 성공할 수 없는 이유이다. 하지만 성공할 때까지 지속적으로 노력을 한다면 결코 실패하는 일은 없다.

당신 스스로가 자기 자신을 끈기 있는 사람이라고 떠들어댈 필요는 없다. 사람들이 알 수 있도록 지속적으로 노력하는 것이 최선이다. 그렇다고 다람쥐 쳇바퀴 돌듯하는 끈기는 미련한 짓이다.

진정한 끈기는 새로운 사고와 목표를 가지고 달려가는 것이다.

*행동을 반복해서 한다는 것은 실패를 거듭하는 것이지 끈기는 아니다.

* *Life* 33

무례한 사람과의 경쟁은 피하라

무례한 사람과는 절대로 경쟁하지 마라. 그런 사람과 경쟁을 한다는 것은 무모한 짓이다. 또한 불리한 조건에서 경쟁을 하는 것과 같다. 그런 경우 상대방은 별생각도 없이 무모하게 범벼든다. 그는 예의가 없기 때문에 두려울 것이 하나도 없다. 그래서 그런지 말과 행동을 서슴지 않는다.

그런 사람과 경쟁을 한다는 것은 명예를 잃는 것과 같다. 때문에 상대해서는 안 된다. 아무리 오래 쌓아 온 명예라 할지라도 한 순간에 무너질 명예라면 더욱 그렇다. 그것은 한 순간에 한 번의 실수로 공든 탑이 무너지는 것과 같다.

명예가 높은 사람은 잃을 것이 많기 때문에 자신의 명예와 상대방의 명예가 어느 정도인지를 따져보고 조심성있게 경쟁에 나선다. 그런 다음 경쟁의 시기와 물러설 시기를 현명하게 판단한다. 그렇게 하지 않으면 설령 자신이 승리를 했다 치더라도 그 승리에 흠집이 생기고, 그 흠집으로 인해 명예에 상처를 입게 된다. 그렇게 되면 결국 명예를 회복하는 일은 쉽지 않을 뿐더러 오랜 시간이 걸린다.

*Life 34

허풍과 아부를 경계하라

대부분의 사람들은 과거의 지위보다도 현실의 지위를 과대 포장하려 애쓴다.

현명한 사람이라면 이러한 속내를 알아차려야 한다. 남들의 지나친 허풍에 실망하지도 말고, 그 아부에 취해 자기 위치를 망각하지도 마라.

허풍과 아부는 방법에서 다를 뿐이다. 그러나 달성하려는 목표는 비슷하다.

그런 사람들은 그때그때 분위기를 타고 말을 바꾸므로 경계해야 한다.

아첨하는 말은 고양이와 같이 남을 핥는다. 그러나 언젠가는 할퀴게 마련이다.

유대 격언

* *Life* 35

누구든 잘할 수 있는 것이 있다

당신은 언제나 부정적인 생각을 마음속으로 품고 있다.

이처럼 자신이 싫거나 밉다. 용기가 없다. 훌륭하게 될 자질이 없다라는 강박 관념에 시달리고 있을지도 모른다.

사람들은 스스로 자기 마음을 해쳐 자신에게 상처를 준다. 그런데도 종종 이 사실을 잊고 산다. 당신은 이같은 부정적인 생각을 자신의 마음으로부터 떨쳐 버려야 한다.

그러한 자해적인 생각을 갖게 되면 지금이 아니라도 훗날 성공하지 못할 것은 불보듯 뻔하다.

만일 당신이 스스로 자신을 바보라고 인정한다면 그 책임은 누구에게 있나? 다시 말해 당신이 사는 동안 단 한 번도 현명한 적이 없었는가? 누구에게나 백전백패했는가?

당신의 자기 비하는 자신의 손발을 스스로 묶는 것과 같다. 자신에게 성공할 수 없다고 믿는 것은 당신을 실패하게 만드는 것이다. 그것이 곧 불합리한 생각이다.

강자에게도 분명 약점이 있다. 또한 약자에게도 분명 강점이 있다.

머리가 나쁜 사람에게도 자신만의 우수한 지식이 있다. 아무리 범죄자라고 해도 구원의 손을 뻗치면 사회가 원하는 구성원이 될 수 있다.

이처럼 사람은 양면성을 가지고 있는 것이지, 모두가 맞는 것도 모두가 틀린 것도 아니다.

부정적인 사고를 가지게 되면 당신 자신에게 둘 중 어느 하나만을 선택하라고 강요하게 된다. 결국 그것이 당신 자신을 경멸과 거절로 이끌어 스스로를 불행하게 만든다.

누구든 때에 따라서 패할 수 있다는 것을 명심해라.

지금 당신은 자신에 대한 부정적인 사고가 얼마만큼 있는가를 스스로 진단하고, 그것을 정화시키도록 노력해야 한다.

부정적인 사고를 몽땅 버릴 수는 없다. 하지만 적어도 당신이 인식하고 생활할 정도는 되어야 한다.

* *Life* 36

헛소문을 경계하라

헛소문이라는 것은 쉽게 이 사람 저 사람 발도 없이 악의적으로 번져 주변 사람의 입방아에 오르내린다.

헛소문으로 인해 별명이 붙는다면 씻지 못할 오명으로 남아 두고두고 명예에 흠집이 생긴다.

헛소문이란 뜬구름처럼 확실치 못한 정보에 의해서 흘러나온다. 하지만 종종 개인적인 시기심이 악의적인 소문을 만든다. 그런 헛소문이 결국 주변 사람들과의 불신을 조장한다.

헛소문이라는 본질은 정면으로 비난하기 보다는 보이지 않는 곳에서 거짓된 정보로 소문을 만들어 개인의 명예를 실추시킨다.

헛소문은 사람이 살아가는 동안 완전히 없어 질 수는 없다. 때문에 남 말하기를 좋아하는 사람들에게는 귀가 솔깃해 진다.

그러므로 현명한 사람은 항상 몸가짐을 바로하여 헛소문에 휘말리지 않도록 조심해야 한다.

*Life 37

불만을 갖기 전에 실력을 키워라

일단 당신이 소속된 단체에서 떠날 생각이 있다면 불만은 점점 더 커지고 그 단체가 싫어진다. 그렇게 되면 당신은 한시라도 머무르고 싶지 않을 것이고, 때로는 지옥과 같을 것이다. 그렇다고 해서 분명한 목적도 없이 그곳을 떠난다면 결국에는 더 어려운 상황을 맞이하게 된다.

남아 있어도 고통, 나가도 고통이라면, 그대로 남아 있는 것이 낫겠지만 이 또한 문제다. 그렇다면 일에 대한 노하우(Knowhow)가 생길 때까지 꾹 참고 있어야 한다. 그것은 수많은 경험자의 공통된 생각이다. 당신이 독립적인 길로 간다는 것은 안정을 버리고 우물 밖으로 나가는 것과 다를 바가 없어서 불안하다. 그것은 가보지 않은 세계로의 여행이다. 그저 우물 안 개구리처럼 편하게 산 당신에게 못 느낄 고통 이상 더한 고통이다. 어느 날 갑자기 당신이 소속된 단체를 이탈하면 고통이 따를 게 분명하다. 이것은 현실을 모르는 어리석은 행동에 불과할 뿐이다. 하지만 당신이 소속된 단체에서 경험을 쌓는 것과 함께 조직에 익숙해지면 그것은 예상 밖의 좋은 결과를 가져올 수 있다.

당신은 현명한 사람으로 훌륭한 단체에 들어갔다. 또한 젊어서 고생을 하고 경험을 쌓았다 치자. 그러면 크게 성공한다. 그러나 힘든 일을 외면할 때에는 결과가 뻔하다.

지금 당신은 긍정적인 생각을 가지고 소속된 단체에 몸을 담아야 한다. 왜냐하면 배울만한 것은 전부 배워야 하니까 말이다.

감나무 밑에서 입만 벌리고 있으면 홍씨가 입으로 들어올까? 그렇지 않다. 입만 벌리고 있는 사람은 홍씨를 어떻게 딸 수 있는가를 생각하지 않는다. 그런 정신 상태에서 준비도 없이 약육강식의 정글로 떠나려 하는가. 이것은 그야말로 무모한 짓이다. 당신이 소속된 단체에서 떠나는 것은 전혀 다른 세계로 여행을 하는 것과 같다. 그러므로 사전 준비는 필수다.

당신이 소속된 단체를 떠나려고 한다면 거기에서 필요한 노하우(Knowhow)를 완전히 습득하라. 같은 사회, 같은 시대를 살아온 것처럼 적어도 당신은 그 곳에 서 있다. 그러므로 현재 상태의 불만만을 가지고 떠난다면 아무것도 이룰 수 없다. 결국에는 불안과 걱정뿐이다.

*Life 38

전임자보다 더 인정받는 사람이 되라

일을 잘했던 전임자가 있다고 치자. 이때 그 사람의 잘한 점을 기억하돼, 똑같이 따라하지는 마라. 그러나 전임자를 앞지르지 못할 바에야 뒤를 따르는 것이 현명하다. 전임자와 대등한 능력을 평가받으려면 전임자보다 더 많은 노력과 실적이 필요하다.

누구든 당신이 떠나는 것을 아쉬워 할 때 당신의 가치는 인정된 것이다. 또한 다른 동료들보다도 능력이 있다는 것이다. 그러기 위해서는 당신이 전임자의 그늘에 가리지 않도록 힘써야 한다.

자리의 이동이 끝난 후에도 전임자를 찾는다면 당신의 능력을 의심해야 한다. 그것은 늘 같이 지냈던 전임자의 분위기에 동료들이 익숙해져 있기 때문이다. 그리고 먼저 그 자리에 있었다는 이유 하나만으로 후한 평가를 하는 것이다. 그러므로 당신이 전임자보다 더 좋은 평가를 받기 위해서는 그가 과거에 쌓은 실적보다 몇 갑절 실적을 쌓는 것이 중요하다.

*Life 39
개 눈에는 똥만 보이는 법이다

사람이란 자기가 생각한 이상의 세계를 부정한다.

자기 기준으로 남을 평가하거나 자신의 지능 정도에 따라 마음대로 재단한다.

그러므로 지능이 낮은 사람에게는 정신적으로 아무리 훌륭한 사람이라 할지라도 그에게는 별의미가 없다.

단지 자신의 눈에 비치는 외모나 성깔, 말투외에는 전혀 거들떠보지도 않는다.

때문에 아무리 훌륭한 사람이라 한들 그에게는 보잘것없는 존재에 불과하다.

그런 사람은 아름다운 빛깔을 구분하지 못하는 눈뜬 장님과 같다.

요컨데 내가 모르면 누구도 모르는 것이다. 다시 말해 모든 평가는 평가자의 인식 범위 내에 있는 것과 마찬가지다.

누구나 말을 할 때에는 그 상대와 같은 수준에 맞춰야 한다. 상대보다 아는 것이 많다 해도 말하는 사람의 입장에 서서 아는 것을 내색하지 못한다.

그러므로 자신의 인식 범위가 낮으면 정녕 필요한 말은 들을 수 없다.

이 얼마나 어리석은 일인가? 그와 같은 어리석음을 안다면 자신의 현실을 직시할 수 뿐이 없다. 때문에 상대의 마음을 읽으려 노력하고, 항상 배움의 자세를 유지하는 것이 바람직하다.

뱃사공은 폭풍에 관한 이야기를 하고, 농부는 황소에 관한 이야기를 하고, 양치기는 양떼에 관한 이야기를 하고, 병사는 자기 상처에 관한 이야기를 한다.

프로페르티우스(로마의 문학가)

행 복 의 문 을 열 어 주 는

내 안의 인생

Life

Part 5

지혜의 삶

*Life 1

화를 다스려라

화가 치밀 때는 스스로 감정을 억제하고 어떤 행동이든 조심하는 것이 상책이다.

상대에게 다가서지도 말고, 상대의 얼굴을 쏘아보지도 마라. 또한 쏘아붙이지도 마라. 그렇게 하지 못하면 화는 불처럼 점점 더 크게 번져 결국은 불행을 자초한다.

화내는 버릇을 없애려면 화내는 상대의 모습을 잘 살펴보는 것도 좋은 방법이다.

그 사람이 화를 내고 있을 때의 모습, 즉 이성을 잃었을 때의 막말, 험악한 얼굴, 증오에 찬 표정 등을 지켜보라.

그리하면 그런 행동이 얼마나 천박한가를 알게 되어 스스로 화를 다스리게 될 것이다.

*Life 2

여유는 마음의 에너지다

여유를 가지고 사물을 분별한다는 것은 그것을 즐기는 것과 같다. 대부분의 사람들은 여유라는 행운이 자기를 빗겨갔다고 생각한다. 그래서 여유 자체를 꿈꾸지도 않고 그냥 방치해 버린다.

또한 그들은 가까이에 있는 여유를 즐기지도 못한 채 젊은 시절을 보낸다. 행여 그 시절로 돌아가고 싶어 하지만 이미 때는 지나간 것이다.

젊음은 스스로를 재촉하고 서둘러 정상이라는 고지에 다가서려 한다. 그리고 평생 동안 갈 길을 하루 아침에 다가서려 한다. 즐기기도 바삐 하고 세월도 앞당겨 왔으면 한다. 그렇기 때문에 모든 일을 서두른다.

지식을 얻는 데에도 적절한 시절와 속도가 있다. 그것은 미리 알아서 병이 되는 지식도 있기 때문이다.

우리에게는 자기 만족의 시간보다 현실로 살아갈 세월이 더 길다. 그러므로 즐길 때는 여유를 가지고 천천히 즐기는 것이 좋고, 일을 할 때는 명료하게 계획을 세워 실천하라.

이것이 시간을 낭비하지 않는 것이다. 그러면 그 즐거움이 두 배로 다가온다.

누구에게나 서두르지 않는다는 것은 지치지 않는 내일을 싱싱하게 준비하는 것과 같아서 희망이 절로 생긴다.

우리는 자신의 생각에 지나치게 집착해서는 안 된다. 낡은 생각을 버리고 새로운 의견을 수용할 수 있는 자세가 필요하다. 또한 편견을 버리고 자유로운 사고로 판단해야 한다.

바람의 방향을 모르고 항상 같은 방식으로 돛을 고정시키는 뱃사공이라면, 세월이 흘러도 그가 목적하는 항구에 도착하지 못할 것이다.

조지 헨리(미국의 경제학자/사회개혁론자)

* *Life* 3

남의 말은 길게 듣고 내 말은 짧게 하라

남의 말에 귀를 기울이되 그 말을 듣고 가능한 한 말을 적게 하는 것이 좋다.

그것은 아무리 좋은 말이라 할지라도 길어지면 짜증이 나기 때문이다.

그러므로 묻는 사람이 없을 때에는 입을 열지 않는 것이 좋다.

결코 쓸데없는 말로 시간을 질질 끌면서 말꼬리 잡기를 하는 것은 바람직하지 못하다. 또한 과장하는 것도 좋지 않다.

윗사람 앞에서 이러쿵 저러쿵 시시껄렁한 얘기를 정신없이 털어놓기보다는 듣기만 하는 것이 좋다.

그렇지 않으면 자칫 실수를 하게 되어 미움을 살 수가 있다.

자신과 관련이 없는 말일 때에는 상대의 말에 귀를 기울이고, 하고자 하는 말이 상대에게 도움이 되지 않는다면 구태여 나서지 않는 것이 좋다.

그렇다고 해서 늘 침묵하라는 것은 아니다. 그렇게 하면 상대의 말에 휩쓸리게 되어 자기의 주장도 주관도 없는 것쯤으로 인식된다. 그리고 상대에게 시선이 쏠리게 되는 것은 당연하다.

이런 자세는 자칫 사회 생활에 있어서 자신의 존재를 잃게 하는 것과 같으므로 바람직하지 못하다.

그러므로 언제까지나 입을 다물고 있을 필요는 없다.

상대가 물어 오면 상황에 따라서 적절하고도 명료하게 대답하라. 또한 모를 때에는 모른다고 솔직하게 대답하는 것이 현명하다.

*Life 4

미소는 받는 것이 아니라 주는 것이다

미소는 돈으로 할 수 없는 많은 것들을 이루게 한다. 남녀노소를 막론 하고 주는 사람을 넉넉하게 하는 것은 물론 받는 사람을 여유롭게 한다.

미소는 만남에 있어서 순간적으로 일어나는 일이지만, 그 기억은 아주 강력해서 그 순간을 오래도록 기억하게 한다.

미소는 가족 모두를 행복하게 만들고, 동료들 간에 협력과 믿음을 주어 결속케 한다. 또한 선의를 불러일으켜 친분을 유지하게 한다.

미소는 힘들고 지친 사람에게는 휴식을 주고, 실패한 사람에게는 힘을 주고, 소심한 사람에게는 용기를 주고, 슬픈 사람에게는 위로가 된다.

그러나 미소는 돈으로 살 수도, 빌릴 수도, 남몰래 훔칠 수도 없는 나만의 선물이며 보석과 같다.

때문에 미소는 받는 것이 아니라 주어야만 빛나는 것이다.

*Life 5

진정한 평가는 지속적인 노력에 있다

자신의 능력을 개관적으로 평가한다는 것은 자신이 홀로 설 수 있느냐 없는냐를 판단하는 척도가 된다. 그러나 그것은 쉬운 일이 아니다.

특히 지금까지 거침없이 일을 해 온 사람들은 일정 부분 주위로부터 도움을 받았다는 사실조차 잊고, 자기의 능력이 탁월한 것쯤으로 착각한다. 그래서 그들은 스스로를 떠벌리며 자신을 과대 평가하는 경향이 있다.

이때 같은 팀끼리 어우러져 있던 경우나, 어영부영 경력을 쌓은 사람은 더욱 그렇다.

옛날에 얻은 능력은 오랜 시간이 지나면 아무짝에도 쓸데가 없다. 또한 시대도 일도 변하고 있다. 특히 전문가도 예외는 아니다. 자기 개발을 게을리 한 사람은 어느 것도 할 수 없다. 하나의 기술이나 능력에 매달려 자신을 과신한다면 그것 또한 시대에 뒤떨어진 생각이다. 뿐만 아니라 치열한 경쟁 사회에서는 살아남기 어렵다.

항상 외부로 눈을 돌려 변화 하는 세상을 따라잡아야 하고 자신의 능력을 점검해야 한다.

그뿐이면 다행이다. 일생 동안 능력 향상을 위해 새로운 지식을 공부해야 한다. 이것이 참된 능력이고 이런 생각이 없이는 내일을 보장받기 힘들다.

*항상 외부로 눈을 돌려 변화 하는 세상을 따라잡는 것만이 진정한 능력이다..

*Life 6

당신의 침묵

혀를 함부로 놀리는 것은 자기의 능력을 까발리는 것과 같고, 비밀을 감추지 못하는 사람은 물 밖으로 입을 벌리는 물고기와 다를 바가 없다.

마음이 깊으면 그 속에 비밀을 깊숙이 간직할 수 있다. 그런 마음에는 귀중한 비밀 창고가 있다. 이 비밀 창고를 잘 관리하면 상대로부터 신뢰를 얻게 된다.

그러나 함부로 혀를 놀린다면 뱉은 말에 대해 모든 책임을 져야 한다.

가령, 말다툼이 있거나 상대로부터 모욕을 당했다. 이때 당신은 침묵을 지키기가 매우 어려울 것이다. 그러나 현명한 사람은 이와 같은 경우를 피하기 위해 더욱 침묵한다.

반드시 일어날 일은 반드시 일어난다. 그런데도 어떤 사람은 한 발 앞서서 모든 것을 다 아는 체 함부로 혀를 놀린다.

결국 이런 사람은 십중팔구 구설수에 오른다.

*Life 7

실패는 성공의 보증서이다

실패는 성공의 보증서이다. 이것은 아기가 수만 번 쓰러지고 일어서면서 끝내는 서는 것과 같다.

수만 번 쓰러지고 일어서는 것은 실패보다는 희망이 마음에 있기 때문이다.

어느 산악인이 험악한 절벽을 오르다 실패하더라도 거듭 포기하지 않고 도전하는 것처럼, 실패는 언제나 자기를 반성하고 자기의 위치를 깨달아 더욱 분발하게 한다.

이것은 실패가 최종점이 아님을 증명하는 것이다. 또한 재기의 출발점이 됨을 의미하는 것이다.

언제나 한 가지 목표를 가지고 꾸준히 나아가면 반드시 어떤 일이든 성공하는 법이다.

성공이란 낙숫물이 바위를 뚫기 위해 수만 번 두드리는 것과 같다.

** Life* 8

정직함은 거짓을 이기는 용기다

누구든 잘못을 저지른다. 그러고도 정직하기란 그리 쉽지 않다. 그렇기 때문에 정직한 사람은 무엇과도 견줄 수 없는 것이다.

정직함은 겸손을 수반한다. 또한 두려움을 모른다. 행여 거짓으로 자신을 망가뜨렸다 해도 용기가 회복되면 어떤 비난도 이겨낼 수 있다.

자기 자신을 내세우지 않으면서도 부드러운 사람이 가장 정직할 수 있다. 가장 여유로운 사람이 자신의 모습을 바로 볼 수 있다.

정직함이 없는 사람은 거짓 때문에 불행으로 끝을 맺는다. 조금만 방심해도 거짓은 예측 불허한 곳에서 우리를 기다리고, 아무리 품위가 있다고 한들 거짓은 불행의 시작일 뿐이다. 그러나 거짓을 뉘우치면 그 속에서 새로운 길을 발견할 용기가 생긴다. 또한 자신을 돌아보는 계기가 된다. 그렇다고 해도 거짓이 정당화될 수는 없다.

*Life 9

인생의 순리는 현실에 있다

인생이란 한 번 가면 다시 오지 않는다. 때문에 인생은 자기 멋대로 사는 것이라고 누군가는 쉽게 말한다. 이토록 억지를 부리는 것은 누구나 힘들이지 않고 편하게 살고 싶어하는 욕심 때문이다. 하기야 인생은 그렇게 만만한 것이 아니다. 하는 일마다 성공하고 누가 보더라도 늘 행복한 사람은 흔치 않다.

그렇다고 해서 인생이 자신의 뜻대로 되지 말라는 법도 없다. 오히려 뜻대로 되지 않을 것이라고 지레 짐작하기 때문에 그 현실이 자신에게 다가오는 것이다.

세상에는 성공한 사람보다는 실패한 사람이 많다. 행복한 사람보다 불행한 사람이 많다. 이것은 현실을 살아가는 우리에게 있어서 이성이나 상식, 혹은 자아 의식의 틀에 묶여 살아가기 때문이다. 그러므로 현실을 깨면 그 현실에 인생의 순리가 보인다.

*Life 10

길은 오직 하나가 아니다

사람이 살면서 긍정적인 사고는 인생을 즐겁게 한다. 두 갈래의 길에 서서 망서리기보다는 무수히 많은 길을 긍정적으로 보는 것이다.

오직 한 길로 달려가야 한다고 생각하면 곳곳에 놓여 있는 장해물로 인하여 스트레스(Stress)를 받는다.

사람에 따라서는 가는 길이 오직 하나 뿐이라고 생각하지 않는다. 예컨대 미로와 마찬가지로 가는 곳이 막히면 다른 길을 선택하고 또 다시 선택하면서 앞으로 나간다. 이렇게 하면 결국 어떤 길이든 만들어 진다.

이 경우 남들은 기회주의라거나 결단력이 없는 사람쯤으로 여겨 핀잔만 한다. 그러나 그것은 맞는 말도 틀린 말도 아니다.

사람은 자유의 의지를 가지고 세상에 태어났다. 여러 가지 선택을 할 권리와 책임을 부여받는다. 모든 사람은 최선을 선택할 권리가 있다.

그렇기 때문에 나는 그것뿐이 못해, 나는 능력이 없어라고 자기를 비하하기 보다는, 나는 언제나 잘할 수 있다는 믿음을 가져야 한다.

*인간은 여러 가지 선택을 할 권리와 책임을 부여받는다.

* *Life* 11

진실과 거짓을 잘 파악하라

상대가 정보를 제공할 때에는 언제나 분별력을 가지고 들어야 한다.

우리는 언제나 현장에서 눈으로 직접 얻는 정보보다는 입을 통해 얻는 정보가 대부분이다. 그러므로 전해 주는 정보를 항상 조심해라.

사회 생활이란 서로 믿고 살아가는 것이다. 그런데도 불구하고 들려 오는 진실은 적고 거짓으로 들려 오는 정보는 눈 덩이와 같다.

이처럼 정보란 직접 눈으로 보는 것보다 입을 통해서 듣는 것이 대부분이다.

입을 통해서 듣는 진실은 거의 없다. 왜냐하면 사람과 사람의 입으로 전해지는 진실은 시간이 흐르면서 전달하는 사람의 시각 차이와 감정이 섞여 있기 때문이다.

그러므로 우호적이거나 악의적인 생각의 정도에 따라서 진실은 그만큼 왜곡된다. 또한 그것을 전하는 사람의 인간성이 드러난다.

늘 칭찬만 하는 사람은 칭찬의 의미를 분별해서 받아들이는 것이 좋다.

비난만 하는 사람은 비난의 의미를 차분하게 받아들이되 한층 더 분별해서 받아들여라.

이때 진실을 알기 위해서는 말하는 사람의 처지와 의중을 아는 것이 무엇보다 중요하다.

진실은 인생에 있어 커다란 축복이다. 하지만 대부분의 사람은 그 진실을 위하여 노력을 게을리 하기 때문에 거짓이 우리 주변에 널리 퍼져 있는 것이다.

* *Life* 12

가족은 화목이 제일이다

가족과의 관계는 언제나 서로를 아껴 줘야 한다. 또한 즐겁고 희망에 찬 이야기로 웃음을 만들어야 한다.

형제 자매간에 함부로 무시하거나, 비난하거나, 잔소리를 늘어놓는다면 형제 자매간에는 불신이 싹트고 그것이 불씨가 되어 싸움을 하게 된다.

가족은 항상 내가 더 잘해 줘야지 하는 마음을 가지고 나의 부족함을 탓해야 한다.

*가족은 항상 내가 더 잘해 줘야지 하는 마음을 가지고 나의 부족함을 탓해야 한다.

*Life 13

지혜로운 삶을 위하여

자신의 삶을 우연에 맡기지 마라. 언제나 현명한 판단과 예지를 겸비하라. 사막과 같은 여행길에서 오아시스의 존재는 인생에 있어 안식을 주는 지식의 샘이요. 지루함을 떨치는 쉼터와 같다.

다양한 사람들과 어울린다는 것은 세상에 대한 물정을 깨달아 조화로운 삶을 살려는 것과 같고, 장례식장에 가는 것은 죽음에 대한 이치를 깨달아 살아있는 동안 사람다운 사람으로 거듭나려는 것과 같다. 조물주는 세상을 창조하여 모두에게 역할 분담을 했다.

그 역할은 완벽한 것이 아니라 서로를 통해 하나가 되는 조화의 역할이다.

이것은 잘난 사람이나 못난 사람이나 고르게 기회를 준 것과 같아서, 결코 누구에게나 지나친 장담과 지나친 낙담은 바람직하지 못하다. 때문에 정신없이 바쁘다고 해도 자기만의 시간을 가져야 한다. 자기만의 시간을 통해서 자신을 성찰할 때, 이보다 더 큰 희망이 어디에 있겠는가.

*Life 14
농담을 잘하면 기회를 잃는다

일을 진지하게 처리하는 사람은 지혜가 드러나고, 그렇지 않은 사람은 무지가 드러난다.

사람들은 언뜻 생각하기에 재치를 평가하는 것 같지만 지혜를 더 높이 평가한다.

언제나 농담으로 시작해서 농담으로 끝나는 사람에게는 중책을 맡길 수가 없다. 또한 농담과 거짓말을 잘하는 사람은 진중하지 못하기 때문에 사람들로부터 신뢰를 받지도 못한다. 그것은 농담을 할 것이라는 지레 짐작 때문이다.

농담을 잘하는 사람은 언제 어느 순간에 진실을 말할지 모른다. 하지만 그에게 진실이 없는 것과 마찬가지이다. 이처럼 농담이 깊으면 진실도 거짓이 되기 때문이다.

농담을 잘하는 사람은 재치가 있다는 평을 듣겠지만 그와 동시에 무분별한 사람으로 낙인찍힌다. 농담은 순간적이기 때문에 농담보다는 진실이 자신을 더 신뢰하게 하는 법이다.

* *Life* 15

진정한 삶은 양심에 있다

사람답게 살려고 하는 것보다 더 유익한 삶은 없다.

사람으로 태어나 사람이 되어간다는 것은 양심을 갖는 것이다.

양심을 지키 위해 노력하는 순간 이보다 더 큰 기쁨은 없다. 그것이 바로 우리가 지금까지 추구해 온 진정한 삶의 전부이다.

아무리 세상이 변해도 거짓을 가까이 하는 것보다 양심을 가까이 하는 삶이 진정한 삶이며 행복이다.

*Life 16

풍부한 교양이 믿음을 준다

사람은 누구나 태어날 때에는 백지 상태이다. 그러나 교양 덕분에 짐승보다 나은 생활을 영위하는 것이다. 이처럼 교양이 사람을 사람답게 만드는 것이다. 사회에서 훌륭하다고 인정하는 사람일수록 교양이 풍부하다. 교양이 풍부한 사람들은 모든 면에서 이해심이 많고 상대를 배려하는 마음이 누구보다도 크다.

그러나 지식만 있다고 교양이 저절로 쌓이는 것은 아니다. 우리는 종종 지식만 믿고 잘난 체하는 사람들을 보곤 한다. 이들은 인간미가 없는 그야말로 냉혹하고 몰인정한 사람에 불과하다. 이처럼 냉혹하고 몰인정한 사람은 제아무리 지식이 많아도 결국은 교양이 없다.

교양이 있는 사람이란? 지식은 물론이고 특히 대화나 외모 그리고 생각 · 말씨 · 옷차림 등 세련미가 있다는 것을 말한다.

이런 특성이 지식과 어우러져 교양으로 표출된다.

* *Life* 17

친구를 위한 참된 용기

젊은이들 가운데는 남을 이해하거나, 배려하거나, 우정을 쌓기는커녕 가능한 한 사람을 이용하려 한다.

이런 행위는 결국 자신의 품성을 떨어뜨린다. 그럼에도 불구하고 자신의 가족 이외는 누구든 다 이용할 대상이라고 생각하는 것이 퍽이나 안타깝다.

물론 그와 같은 생각은 절대로 해서도 안 된다. 그리고 실천에 옮겨서도 안 된다. 누구든 참된 우정과 숭고한 가치를 구별할 줄 알아야 한다.

젊은이는 진실로 참된 우정의 본질과 가치를 지키기 위해 몸과 마음을 깨끗이 해야 한다. 이것이 미래의 희망이고 젊은이의 사명이다. 또한 이 사명을 완수할 수 있는 적임자다.

그렇다고 해서 젊은이가 어른보다 순수하다든가, 보다 도덕적인 것은 아니다. 단지 젊었을 때는 정의롭고 기존 틀에 얽매이지 않는 창의성과 개성이 있기 때문이다.

누구든 몸이 아프면 의사에게 아픈 부분만을 보여 주는

것이 아니라 몸 전체를 보여 준다. 그와 같이 젊은이는 모든 면에서 솔직해야 한다.

세상을 살면서 아무런 상처도 없이 살아온 사람은 거의 없다. 대부분의 사람은 타성에 젖은 나머지 나쁜 습관이 몸에 밴다. 그것도 한두 가지가 아니다. 그 중에는 허물이 되지 않는 습관도 있다.

그렇다고 해도 그것은 자신의 상처가 되어 어떤 식으로든 흉터로 남는다. 그것은 양심의 가책이라는 죄다. 하지만 무엇이든 가능한 한 빨리 반성하는 것이 자신을 위해서도 좋다.

나쁜 습관을 고치기 위해서는 친구의 충고가 큰 역할을 한다. 그것이 친구를 위한 참된 용기다. 만일 그런 친구의 용기가 없다면 세상은 황량해질 것이다.

*Life 18

팔방미인은 자기 스스로 적을 만든다

팔방미인의 불편함은 그 이용 가치가 많다는 것이다. 그러므로 오히려 이용당하기 쉽다.

또한 모든 사람들이 그를 끌어들이려 하기 때문에 그는 난처해지고 결국 경쟁 상대의 적이 될게 분명하다.

그렇다고 쓸모 없는 사람이 되라는 것은 아니다. 쓸모가 없다는 것은 큰 불행이다. 모든 사람에게 쓸모가 있다는 것도 그에 못지않는 큰 불행이다.

모든 사람들이 찾는 단계에 이른 사람이라 할지라도 몸이 여러 개가 아닌 이상 어떤 것을 얻는 것 같지만 잃는 것이다. 그것은 과거의 경쟁 상대들에게는 못마땅한 존재가 되기 때문이다.

결국 다방면으로 뛰어난 사람은 재능을 모두 소진해 버린다. 또한 일부 존경받은 것마져 잃게 되고 일반적으로 불신까지 사게 된다.

이런 비참한 신세를 면하려면 다양한 재능을 몽땅 보여줘서는 안 된다. 많은 재능을 갖는다는 것은 좋은 일이다.

그러나 그 재능은 남들 수준 정도로 유지하는것이 바람직하다.

예컨대 등불을 환히 밝히면 밝힌 만큼 기름은 더 많이 닳고 불이 꺼질 시간은 더욱더 빨리 다가오는 법이다. 이처럼 당신의 재능도 마찬가지다.

*등불을 환히 밝히면 밝힌 만큼 기름은 더 많이 닳고 불이 꺼질 시간은 더욱더 빨리 다가오는 법이다.

*Life 19

어느 누구의 삶이든 행복을 원한다

삶은 가치를 추구하기 위한 사람의 행위이다. 이 행위가 곧 행복이다.

모든 사람들은 행복을 찾기 위해서 과거도, 현재도, 앞으로도 노력할 것이다.

삶은 행복을 위해 존재한다. 그러나 많은 사람들은 본능 그대로를 이해하고 순응하려 한다.

그들은 과학 만능이라는 사회 풍조 속에서 삶이라는 것을 도구쯤로 인식하는 어리석음에 빠진다.

따라서 행복이라는 개념을 육감적이고도 동물적인 행위로 잘못 인식하는 경향이 있다.

그렇기 때문에 어느 경우도 사리 분별이 있는 사람, 즉 지식인라 해도 이성적인 것을 딱 잘라 구분해서 말하기란 쉽지 않다.

자아란 천지 만물에 대한 인식이나 행동의 주체에 있어서 자기를 일컫는 말이다. 그것은 사람만이 갖는 특성이다.

어느 동물이 자신의 몸뚱이만을 위해 산다고 해도 결코

그런 생존 방식에 대해 방해할 수는 없다. 그렇기 때문에 동물은 자신의 몸뚱이를 만족시키고 또한 본능적인 종족 보존을 위해 헌신하는 것이지, 스스로 하나의 자아임을 깨닫지는 못한다.

그러나 이성을 가진 사람이라면 오직 육체만을 만족시키기 위해서 살지는 않는다. 사람이 그렇게 살지 못하는 것은 자신이 하나의 자아임을 알고 있기 때문이다.

따라서 다른 존재도 자신과 같은 존재라는 것을 인정함과 동시에 서로의 관계를 이해해야 한다.

만일 사람이 생각없이 이기적인 행복만을 추구하고 자기만을 사랑한다면 동물과 다를 바가 없다.

가령 사람들이 주위의 온갖 것을 다 가지려 한다면 그 순간 이성적인 의식이 악으로 물들게 되고 결국은 불행해진다.

이따금 사람에게는 행복을 동물적 본능의 욕구쯤으로 착각하는 경향이 있다. 이 착각은 자기의 동물적인 본능을 이성적인 활동의 수단인 양 잘못 생각한 결과이다.

이성적인 의식을 멀리하고 본능적인 욕구만으로 행복을 채우기란 불가능하다. 또한 그것이 삶이다.

본능적인 쾌락과 이성적인 의식이 서로 상반되기도 하지만 그것을 잘 조화시키는 것이 사람다운 것이며 사람과 사람을 연결해 주는 것이다.

동물에게 있어 본능이 행복일지도 모른다. 그 행복에 맞서지 않는다면 사람으로서의 삶을 부정하는 것이며 행복도 아니다.

오직 자신의 욕망을 채우기 위해 행복을 쫓는다면 사람의 삶을 전면적으로 부정하는 동물과 같다.

동물에게 있어서 본능은 약간의 쾌락도 있겠지만 종족 보존이 목적일지도 모른다. 그러나 사람이라면 자아를 깨달아 행복을 추구하는 것이 참된 목적이다.

사람에게 있어 자신에 대한 의식이란 동물적 본능의 행복도 있겠지만, 결국 삶을 통해서 행복을 얻어야 한다.

삶은 사회 통염상 탄생으로부터 죽음까지의 드라마이다. 그러나 그런 것은 참된 삶이 아니다. 이것은 다만 동물적 본능으로 목숨을 부지하는 것에 지나지 않는다.

사람이 물질에 빠지면 동물적 생존과 다를 바가 없다.

사람에게는 무엇보다도 눈에 보이는 것이 자아의 전부인 듯 생각하면 그것은 오직 본능을 쫓는 것과 같다.

이성적인 의식은 눈에 보이지 않으므로 잊기 쉽다. 그렇기 때문에 사람은 눈에 보이지 않는 것을 경시하고 보이는 것만을 추종한다.

눈에 보이는 것만을 행복으로 아는 사람들은 동물적 본능을 따르게 마련이다.

이런 행위는 누구나 하기 쉽고 그 결과가 명쾌한 것쯤으로 생각되기 때문이다.

그러나 눈에 띄지 않는 이성적인 의식의 욕구는 그와 반대다. 이성적인 의식은 동물적인 욕구의 행위가 아니라 어찌 보면 복잡하고도 애매한 것이다.

하지만 본능에 의한 행복보다 이성적인 행복이 사람을 사람답게 만든다.

*Life 20

세상은 찬반으로 존재한다

서로 다른 쌍방이 대화를 하는 중에 질문을 던지면 옳고 그른 것이 명백하게 갈린다. 다시 말해 한쪽이 찬성을 하면 다른 쪽은 반대를 한다.

상대방의 생각을 무시하고 자기 생각만을 되풀이 해서 주장하는 사람은 보기에도 딱하다.

한 사람이 모든 것을 다 알고 모든 것을 다 잘할 수는 없다. 사람은 저마다 재능이 있고 그 재능은 서로가 다르다. 그러므로 누구나 부족한 부분이 있게 마련이다.

당신의 재능을 상대방이 알아주지 않는다고 해서 당장 실망할 필요는 없다. 왜냐하면 또 다른 상대방이 당신의 재능을 알아줄 것이기 때문이다. 또한 상대방의 박수를 받았다고 해서 너무 감격할 필요는 없다. 분명 또 다른 상대방은 당신을 비난할 것이 분명하기 때문이다. 따라서 당신은 오직 자기 의견과 유행 그리고 그 세태에 따른 편견의 노예가 되지 않도록 최선을 다해야 한다.

*Life 21

오기는 감정 싸움과 같다

오기에 쥐 잡는다란 말은 쓸데없는 오기를 부리다가 낭패를 본다는 뜻이다.

오기는 남에게 지고 싶지 않다고 생각하는 것이고, 서로의 평가에 있어서 자기 멋대로 판정하는 것과 같다. 그러므로 사람들은 돌출적인 행동을 하는 것이다.

그것은 자기의 잘못된 행동을 덮거나 정당화를 위해 남을 속이려는 것과 같다.

대부분 사람들은 누구나 남으로부터 기만당하는 것을 싫어한다. 따라서 자기의 명예가 손상되면 으레 오기가 발동한다.

오기는 분명한 목적이 없다. 다만 그 상황에 있어서 상대를 이기고 싶을 뿐이다.

오기로 하는 일은 오래 지속되지 못한다. 그것은 상대가 경쟁을 포기할 때까지만 지속되기 때문다.

*Life 22

가난과 고통을 극복한 순간 행복은 잠시 머문다

사람이 살아가는 동안에 무엇보다도 먼저 다가오는 것이 간난과 고통이다. 그 반면 행복은 행복한 시간만큼의 가난과 고통을 잊는 것에 불과한 것이며, 그 틈새의 일부에 지나지 않는다.

때문에 우리는 현실적으로 벌어들인 재산의 가치를 소중히 여기지 않고 낭비하는 것을 자연스럽게 생각한다. 하지만 이런 것들이 없어지고 나서야 비로소 그 참된 가치를 뼈저리게 느낀다. 왜냐하면 가난과 고통은 발등에 불이 떨어진 것과 같기 때문이다.

이미 어려웠던 시절의 가난과 고통을 생각해 내는 것도 행복한 일이다. 그것은 어려울 적의 추억이 현재 누리고 있는 만족을 보다 행복하게 해 주는 유일한 수단이기 때문이다.

삶이라는 욕망의 틀이 이기주의다. 이 이기주의의 입장에서 남의 불행은 곧 나의 행복이라는 것도 이중적인 측면에서 보면 결코 부정하기 어렵다.

하지만 내가 행복한 상태에 있음을 간접적으로 느끼는 이런 종류의 기쁨은 본래 타고난 악의 근원이라 해도 틀린 말은 아닐 것이다.

모든 행복은 가난과 고통을 벗어난 상태의 것으로 그것을 벗어난 만큼의 안식이다. 때문에 행복을 얻어도 오랜 시간 지속되는 만족이나 기쁨은 없고 고작 해야 가난과 고통에서 해방된 순간뿐이다.

그렇게 볼 때 사람이란 염세적인 면이 많은 것 같지만 결코 그렇지만은 않다.

개별적으로 하나하나 들여다 보면 그야말로 순간 순간 웃을 수 있는 일이 더 많다.

그러므로 아무리 살기가 힘들다 한들 세상은 살만한 가치가 있는 것이다.

* *Life* 23

적대적인 관계는 자신을 침몰시킨다

그 무엇이든 상대를 적으로 만들면 당신의 좋은 이미지(Image)는 타격을 입는다.

적대적인 관계에 있는 사람은 기회가 있을 적마다 당신의 좋은 이미지에 타격을 주려 한다.

그것은 당신을 앞지르기 위한 수단이다.

그런 사람은 때와 장소를 가리지 않고 비겁한 행동과 말을 서슴지 않는다. 심지어 예의에 어긋나는 사생활까지도 들추어낸다.

평상시에는 누구에게나 친절하지만, 적대적 관계가 성립되면 지나간 추문들을 다시 거론해서 불씨를 살린다. 옛날 옛적 사소한 실수를 다시금 파헤친다.

또한 근거도 없는 소문을 수집하여 비난거리를 만들고, 비난이라는 무기로 음해하려다 실패하면 복수의 칼날을 세운다.

언제나 당신을 불리한 쪽으로 몰아세우기 위해 남들에게 무엇이든 반복해서 상기시킨다.

이와 같이 적대적인 관계란 아전인수(제 논에 물대기라는 뜻. 자기에게만 이롭게 되도록 생각하거나 행동함) 격이다.

매사에 원만한 사람은 싸울 필요가 없다. 좋은 이미지(Image)와 품위가 유지되기 때문에 항상 많은 사람들로부터 존경을 받는다. 당신도 적대적인 관계를 피하고 우호적인 관계를 유지하도록 힘써라.

이것이 자신의 침몰을 막는 유일한 방법이다.

누군가 잘못을 했다면 처벌을 한다든지 아니면 용서를 한다든지 두 가지 중 하나를 선택해야 한다. 만일 처벌를 선택했다면 화를 낼 것이고 화를 낸 후에는 적을 만들 것이다. 그러나 용서를 했다면 서로에게 믿음과 존경심을 갖게 할 것이다.

kkl291(작가)

*Life 24

착하다는 것은 상대적 가치가 없다는 말이다

'저 사람은 착하기 때문에 법이 없어도 살 사람이야.' 라고 흔히들 말을 한다. 그러나 너무 착한 나머지 무능하다는 말을 들어서는 안 된다. 화를 낼 줄도 모르는 사람은 사실상 경쟁 사회에서는 부적합하다. 그들은 목적이 없는 사람으로 꿈도 없다.

종종 잘난 체하거나 강하다고 느낄 때, 비로소 자기 자신이 살아 있다는 것을 실감한다.

감정이 없다는 것은 목석과 같다. 즉 반응에 무감각하기 때문에 누구나 바보 취급을 한다.

싫은 것과 좋은 것을 분명히 가리는 것은 반응의 첫 번째 조건이다.

무엇이든 좋아라 하는 것은 착한 것이 아니라 바보이거나 어리석은 것이다.

사회는 이런 사람을 착하게 보는 것이 아니라 무능력하게 본다는 사실을 분명히 알아야 한다.

*Life 25

유머(Humor)가 분위기를 반전시킨다

때로는 의미가 없는 유머(Humor)일지라도 험악한 분위기를 반전시키는 계기가 된다.

지위가 높은 사람도 때에 따라서는 유머를 즐긴다. 그렇게 되면 대부분의 사람들은 그에게 호감을 갖는다.

물론 그런 경우에도 어느 정도의 분수는 지켜야 하고 남에게 실례가 되지 않도록 몸가짐을 단정히 해야 한다.

현명한 사람은 유머를 통해 위기를 벗어난다. 또한 품위가 있는 유머는 모든 사람에게 호감을 산다.

*Life 26

능력에 맞는 목표가 자신감을 갖게 한다

사람이 살아가면서 100%로의 성공과 100%로의 실패는 없다.

우리는 흔히 '만일 뭐가 된다면'이란 말로 자기 자신을 포장하려 한다. 그러나 그것은 처음서부터 자신감을 잃는 행위이다.

자신감을 갖기 위해서는 실패나 망신 따위에 연연하기 보다는 여유로운 마음 자세가 필요하다. 또한 적극적인 행동이 요구된다.

이때 자신의 단점만을 먼저 생각하지 말고, 단점보다는 장점을 키우는 것이 자신감을 얻는 길이다. 그렇게 되면 이상할 정도로 두려움이 사라진다.

다만 여기서 알아야 할 것은 자기 실력에 비해 무리한 목표를 세우지 말라는 것이다.

목표가 크면 실패의 충격도 크다. 그러므로 능력에 맞는 목표를 세워서 우선적으로 성취하는 것이 무엇보다 자신감을 갖게 한다.

이처럼 차근차근 자신감을 키우면 마침내 큰 성공으로 열매를 맺는다.

누구든 처음부터 욕심을 부려 부담을 갖는 것보다는 실현 가능한 것을 차분히 실천하면 자신감이 생긴다.

그러나 당장 눈앞의 일도 처리하지 못하면서 전문가가 된다는 둥, CEO(Chief Executive Officer)가 된다는 둥, 재벌이 된다는 둥, 너스레를 떤다면 그것은 푼수에 불과하다. 또한 이것이 빌미가 되어 비웃음을 사게 되면 결국 자신감을 잃게 된다.

*Life 27

습관처럼 하는 실수는 미래가 없다

아무리 완벽한 사람이라 한들 실수란 있는 법이다. 사소한 실수는 방심에서 비롯되는데, 소중하고 귀할수록 그 문제가 심각해지거나 적어도 난감한 처지에 놓인다.

평상시에는 사소한 실수가 그리 큰 문제로 부각되지 않는다. 그렇다고 해도 스스로 인정하고 그것을 고치도록 노력해야 한다. 만약에 그것을 별일도 아닌 것처럼 구렁이 담 넘어가듯 한다면 훗날 더 큰 실수를 하게 되는 법이다. 그러한 실수는 상대에게 믿음을 주지 못할 뿐더러 큰일을 하는데에 있어서 장애물이 된다. 정녕 본인은 사소한 실수라고 생각하여 웃음으로 넘기겠지만 그것을 바라보는 사람은 불쾌하다.

당신이라면 아무리 사소한 실수라도 겸허하게 받아들여 반성하는 것이 좋다. 사소한 실수가 반복되면 그들은 당신을 무능력하게 볼 것이다. 그렇게 되면 자신의 다른 뛰어난 재능들마저도 잃게 된다. 그러므로 평상시의 사소한 실수라도 스스로 고치는 습관이 필요하다.

*Life 28

열 번의 일을 잘해도 한 번의 실수에 운다

아무리 공든 탑을 쌓았다 해도 마지막 돌을 잘못 놓으면 도로아미타불이 된다. 이처럼 열 번의 일을 잘해도 한 번의 실수에 우는 법이다.

사람들이란 열 번 잘한 일을 칭찬하는 것이 아니라 한 번의 실수에 비난을 퍼붓는다. 그리고 그 비난이 꼬리에 꼬리를 물고 나쁜 소문이 되어 그 어떤 칭찬보다도 야박하게 돌아온다.

이처럼 많은 사람들은 칭찬보다 비난에 익숙해져 있을 뿐더러 남이 못되는 것을 즐긴다.

그것은 '사촌이 땅을 사면 배가 아프다' 라는 속담과 무엇이 다르겠는가?

그렇기 때문에 늘 자신을 돌아보고 또한 자신을 깨우쳐 실수를 하지 않도록 노력해야 한다.

*Life 29

때로는 진실를 묻는 것이 거짓보다 낫다

진실을 말한다고 해서 모든 것이 좋아지는 것은 아니다. 진실은 거울과 같이 순간 잘못 다루면 깨져 내 모습은 물론 상대의 모습까지도 바꾸게 된다. 또한 그 조각이 엄청난 상처를 남긴다.

그렇기 때문에 진실을 말할 때에는 신중해야 하는 것은 물론 상대를 각별히 배려해야 한다.

거짓말 속에는 상대의 진실은 보이지 않고 거짓이 또 다른 많은 말을 만들어 자신을 유리하게 만들 것 같지만 결국 자신을 망가뜨린다. 흔히 우리들은 거짓말을 배신 행위로 보고 그것을 경계한다. 왜냐하면 그것이 많은 사람들에게 알려진 순간 명성이 사라질 수도 있기 때문이다. 그렇다고 해서 진실을 말하지 않는 것이 거짓은 아니다. 그러므로 그것을 몽땅 말해 줄 필요는 없다. 만약 그럴 경우 진실이 약점이 될 수도 있다. 진실이란 자신을 위해 묻어야 하는 반면에 다른 사람을 위해 묻어 두는 것도 세상을 사는 지혜이다.

*Life 30

남을 비판했다면 나를 반성하라

세상의 모든 사람들은 자기 중심적이어서 자신의 결점이나 잘못을 의식하지 못한다. 그렇기 때문에 내가 아닌 남의 결점이나 잘못은 거침없이 비판한다. 그러나 남을 비판하는 것은 결국 자신을 들추어 비판하는 것과 같다. 즉 남을 날카롭게 비판하는 습성을 가진 사람이야말로 자기 반성을 통해서 자신의 잘못을 고칠 수가 있다.

그런데 관대한 사람은 그와 반대로 매사에 무관심하거나 너그럽게 넘기려는 습성이 있다.

본디 사람이란 구조상 자신의 모습을 자기의 눈으로 볼 수 없게 만들어졌다. 하지만 남의 모습은 잘 보이도록 만들어졌다. 그러므로 남의 결점이나 잘못된 점을 찾아내어 비판했다면 다시 자기를 돌아보고 반성하는 것이 당연하다.

그러나 현실은 즉흥적인 분위기에 너무 민감한 나머지, 잘못을 되려 비판하기 보다는 감싸는 경향이 있다.

*Life 31

지혜로운 사람은 때를 기다린다

누구나 하는 일마다 안 되는 때가 분명히 있다. 그럴 때는 무슨 일이든 되는 법이 없고, 하는 일마다 불운이 겹친다. 때가 아님을 아는 것은 그 일의 분위기에 달려 있다.

세상은 변하고 일의 속성도 변한다. 그러므로 완벽하게 지혜로운 사람은 없다. 모든 것이 분위기를 탄다.

심지어 모든 일의 성취는 상황에 따라 달라지고, 성취감 마저도 한 순간이다. 이처럼 지혜로움도 분위기에 따라 제 기능을 발휘하지 못할 때가 있다.

어떤 일이든 때가 있고 그때가 오면 능률이 오르고 성과도 좋다.

사람에 따라서는 일마다 고배를 마시는 반면, 손쉽게 좋은 결과를 얻는 사람이 있다.

운이 좋다는 사람은 재치와 기지가 번득이고 분위기가 자신을 따른다. 이럴 때는 순간적인 기회라도 자신의 것으로 만든다.

그러나 지혜로운 사람은 행운이나 불운에 자신을 맡기지

않고 스스로를 점검한다. 행운의 결과는 자신의 노력에서 오는 보너스(Bonus)인데, 불운이 찾아온다 해도 그 불운을 슬기롭게 대처한다.

*어떤 일이든 때가 있고 그때가 오면 능률이 오르고 성과도 좋다.

*Life 32

엄마의 교육이 아이의 기본이 된다

이것은 어디까지나 맞벌이를 제외하고 하는 말이다. 일반적으로 아버지는 돈을 버는 일에 익숙하고, 엄마는 가정을 지키는데 익숙하다. 이런 경우에 아버지가 일자리를 잃게 되면 대부분의 가정이 희망을 잃게 된다. 결국 그렇게 되면 눈앞의 현실이 암담해지고 그것으로 인하여 가정 파탄을 맞지하게 된다.

하지만 이것이 현실이라고 해도 가정에 있어서 아이의 교육은 미래의 꿈인 것이다. 특히 아이의 교육 방법은 미래를 향해 가야 한다.

아이에게 있어 필요한 것은 정글을 헤쳐나가는 탐험 정신이다. 이때 아이에게 있어 엄마는 둘도 없는 존재가 된다.

갓난아이 때부터 초등 학교를 졸업하기 전까지는 엄마의 치마폭에 싸여 다녀도 어쩔 도리가 없다. 그러나 엄마는 아이 중 특히 여자의 몸으로 사내아이의 교육을 시키는 데에는 한계가 있다는 것을 알아야 한다.

엄마는 아이와 한몸이 되는 것은 가능하다. 그렇다고 해도 한걸음 뒤로 물러서서 하나의 사람됨을 인정하고 냉정히 지켜보는 분별력은 약하다. 이것이 어찌 보면 모성일지도 모른다.

그러나 어느 정도 자라면 사내아이의 교육은 아버지가 해야 할 부분이 생긴다. 그 부분까지 모성의 영역으로 감싸버린다면 사내아이로서 구실을 하기가 힘들다.

이를테면 요즘 엄마들은 대부분 어떻게 해서든지 사내아이를 가장 안전한 치마폭에 두고 자기가 원하는 과정만을 걷게 하려고 온갖 애를 쓴다. 다시 말하면 자신이 이루지 못한 부분을 채우려 한다. 심하게 말하자면 교육이란 전부 장래가 보장되는 쪽의 투자라고 생각한다. 결국 자기 만족을 위해 모든 것을 받친다.

더군다나 요즘 세상은 사회 문제나 교육 문제에 있어서 여성 편의주의로 흐르기 때문에 아버지는 돈 버는 기계에 불과하다. 이런 처지에서 반론은 커녕 오히려 아이를 위한 일이라면 발벗고 어머니를 아낌없이 후원하는 형편이다.

심지어 아이에게 어머니들은 자신이 금전적인 면에서도 아버지보다 우월하다는 것을 보여 주기 위해 아버지의 경제 활동에 대한 고마움이나 고통을 전혀 전달하지도 않은 채 아버지를 무시하는 말을 서슴치 않는다.

'너는 이 다음에 커서 네 아버지처럼 되지 마라' 하고 입버릇처럼 말을 한다. 이러한 가정 환경에서 자란 아이는 어릴 적부터 아버지를 무능력한 존재로 보고 우습게 여긴다. 이런 교육이 미래에 무슨 도움이 되겠는가. 부부가 맞벌이를 하지 않는 경우, 부부의 평등을 논하기 이전에 분명 서로의 역활을 정립하고 아버지에 대한 위상을 어머니가 세워야 한다.

이것이 가정 교육이며 사회를 올바르게 이끄는 교육이다.

나무에 가위질을 하는 것은 나무를 사랑하기 때문이다. 이처럼 부모에게 꾸중을 듣지 않으면 똑똑한 아이가 될 수 없다. 추운 겨울을 지난 후에야 봄의 푸른 잎은 한층 더 푸르다. 사람도 역경을 극복한 후에야 비로소 제 값을 한다.

벤자민 프랭클린(미국의 정치가/저술가/과학자)